마음이라는 키워드

마음이라는 키워드

평화의 시대를 준비한다

북한대학원대학교 심연북한연구소 엮음

에코톤

이 저서는 2017년 정부(교육부)의 재원으로 한국연구재단의 지원을
받아 수행된 연구임(NRF-2017S1A3A2065782).

'동네책방×북토크'와 함께한
남북한 마음 통합을 위한 키워드

북한대학원대학교 남북한마음통합연구센터는 2012년
부터 한국연구재단의 지원을 받아 남북한 마음 통합에
관한 연구를 진행하고 있습니다. 소형 연구 단계에서
는 남북한의 만남이 시작되는 접촉 지대 연구, 중형 단
계에서는 남한과 북한의 마음 체계 비교 연구를 진행
했고, 2018년부터 시작한 대형 단계에서는 '남북한 마
음 체계 통합 기제 연구 및 사회 통합 이론의 재구성'을
주제로 다양한 전공의 학자들이 더불어 연구하고 그
결과를 논문과 책으로 발표해 왔습니다.

남북한 마음 통합 연구는 지금까지의 통일이나 통합
논의에 대한 성찰에서 비롯되었습니다. 남북한마음통
합연구센터는 체제나 구조의 차원에서 놓치고 있는 사
람들의 문제, 적대적 대결 구도에서 비롯된 북쪽과 북
쪽 사람들에 대한 일방적 '타자화', 한 세기에 다다른
분단 구조에서 생겨난 남북한 일상의 복합적 이질화
현상, 단일 민족 신화에 바탕을 둔 관습적이고 기계적

인 통일론에 대한 반성과 같은 문제의식을 느끼고 있습니다. 마음 통합과 관련된 다층적인 학술 연구 성과에 집중하는 것이 연구단의 일차적 목표이지만, 연구단의 문제의식이 현실 문제에서 시작되었던 만큼 마음 통합과 연관된 실질적·사회적 성과도 중요합니다. 따라서 연구단은 학술 연구와 더불어 마음통합, 사회통합을 위한 '실험적'이고 '실천적'인 노력도 병행해 왔습니다. 이러한 과정을 통해 한반도와 그 주변에 존재한 사람들의 일상에 영향을 미치는 구조적 폭력, 마음의 분단이 생긴 원인을 평화적으로 해결하며 포용적인 통합을 실현하는 데 필요한 방법들을 타진해 왔습니다.

마음통합과 관련된 영화감상회 및 전시회를 주최하고, 인천 남동구의 이탈주민 거주 지역의 초등학교에서 심리적응 프로그램을 진행한 일 등이 여기에 포함됩니다. 이번에 펴내는 단행본 『마음이라는 키워드: 평화의 시대를 준비한다』의 중심 내용이 되는 '동네책방×북토크'도 같은 맥락에서 진행한 프로그램입니다. '동네책방×북토크'는 연구단의 주제와 연관되면서 시민 사회와 더 자유롭게 소통하고자 추진한 '실험과 실천' 프로그램의 하나로, 지역 동네책방들과의 협업을 통해 만들어 낸, 작지만 유의미한 공론장이었습니다. '동네책방X북토크'는 남북한마음통합연구센터가 지향하는 일상에서의 평화, 통합을 위한 사색, 역사적 고찰, 현안에 대한 분석과 제안, 문화적 상상을 여는 이야기들을 나누고자 했습니다. 이를 위한 공간으로서 남북한마음통합연구센터가 위치한 서울 종로구에서 지역 주민들과 함께하는 동네책방인 영추문 앞 '역사책방', 대학로의 '책방이음'과 인연을 맺었습니다.

'동네책방×북토크'는 다양한 형식을 실험하면서 2018년 하반기부터 2019년 상반기까지 전부 9회 진행했습니다. 동네책방과의 콜라보를 구상하면서 좀 더 쉽고 흥미롭게 지역 사회에 다가가고자 한 바람은 모든 북토크에 공통으로 존재하지만, 동네책방 대표님들과 소통하면서 각 책방의 요구를 반영해 북토크 상을 확정하는 과정도 의미 있었습니다. '역사책방×북토크'에서는 뉴스만으로 소화되지 않는 한반도의 새로운 변화와 관련된 현안에 대한 흥미를 불러일으키면서도 묵직한 주제를 다뤘습니다. '책방이음×북토크'에서는 문학예술에 대한 접근을 통해 남과 북을 들여다보는 자리를 마련했습니다. 또한 '동네책방×북토크'는 남북문학예술연구회, 한상언영화연구소 등 기존 관련 분야에서 활동해 온 연구 단체들과 콜라보를 시도했습니다.

북토크를 진행하는 과정에서 무엇보다도 감사한 것은 작은 모임을 마다하지 않고 직접 책을 소개하고 독자들과 격의 없는 토론을 나누어 주신 저자들입니다. 임동우, 이삼성, 신영전 선생님과 남북문학예술연구회의 오태호, 김은정, 유임하, 홍지석 선생님, 그리고 한상언영화연구소의 한상언 대표님과 토론에 참여해 주신 남영호, 윤석준, 이지순, 엄주현, 김민선 선생님 들께도 감사의 말씀을 전합니다. 이익보다는 명분으로 함께 모임을 지원해 주신 역사책방 백영란 대표님, 책방이음 조진석 대표님은 이 책의 공동 편자라고 해도 과하지 않을 것입니다. 연구센터의 실험적 단행본의 편집 디자인을 맡아 주신 리시올 출판사, 출판 실무를 맡아 주신 힐데와소피(에코톤) 출판사에도 감사드립니다.

본문은 현장의 북토크를 그대로 옮기기보다는 북토크를 기획한 남북한마음통합연구센터에서 핵심을 정리하고 풀어 내는 형태로 구성했습니다. 우선 북토크의 책을 소개하고('북토크 책 소개'), 북토크에서 논의된 이야기들을 돌아보며('북토크 열어보기'), 나아가 심화해 생각할 지점이나 현재의 관점에서 보완할 지점을 다뤘습니다('북토크 파고들기'). 마지막에는 독자들을 위해 참고할 만한 자료들도 덧붙였습니다('더 알아보기'). 북토크의 내용은 남북한마음통합연구센터의 전임 연구 인력인 엄현숙, 김성희, 최선경, 김태경이 정리했습니다. 전임연구원들과 함께, 북토크 운용과 마지막 단행

본 정리에도 도움을 준 남북한마음통합연구센터 연구 보조원들인 최종환, 김형완, 강초롱, 김경렬, 이성희, 오세준, 신은혜, 박동화, 김종진, 주영민, 그리고 행정업무로 보조해 준 문성희 행정원에도 감사를 표합니다.

남북한마음통합연구센터가 기존에 펴낸 『분단된 마음의 지도』, 『분단된 마음 잇기』 그리고 『분단 너머 마음 만들기』가 학술적인 연구 성과를 중심으로 짜였다면, 『마음이라는 키워드: 평화의 시대를 준비한다』는 연구단의 문제의식을 대중적으로 조금 더 쉽게 접할 수 있도록, 일상의 차원에서 이야기하자는 생각으로 만든 책입니다. 앞으로도 이처럼 쉽게 다가갈 수 있는 책을 만들어 연구단이 가진 문제의식을 편하게 나누고자 합니다.

2018년 평창에서 다시 찾아온 '한반도의 봄'으로부터 어느덧 2년이 흘렀습니다. 동아시아와 한반도 냉전의 구조를 허물고 적극적 평화를 확립하기 위한 여정은 아직 갈 길이 멉니다. 『마음이라는 키워드』를 만나는 독자 한 분 한 분과 함께 점진적이지만 다양하고 실현 가능한 한반도 평화와 통합의 길을 찾아 나갈 수 있기를 진심으로 기대합니다.

남북한마음통합연구센터장 이우영

| 차례 |

북한의 심장, 평양

임동우
『평양 그리고 평양 이후: 평양 도시 공간에 대한 또 다른
시각: 1953-2011』
파주: 효형출판, 2011

일정	2018년 12월 12일 수요일
장소	역사책방
발표와 토론	임동우(프라우드 건축), 남영호(신한대)
읽고 정리	최선경

북토크 책 소개

오늘날 우리는 어떻게 평양을 바라보고 있을까요? 이 책은 이러한 문제의식에서 출발하였습니다. 미디어를 통해 접하게 되는 평양은 위험하고 가난한 독재자의 도시일 뿐이죠. 누군가는 평양이라는 도시 공간을 김일성광장에서 군사 퍼레이드나 펼치는 독재 정권의 야욕이 서린 공간으로 볼 수도 있습니다. 또 다른 누군가는 그 광경에서 세계 여느 도시에서는 보기 힘든 평양만의 특징적인 도시 구축 환경을 발견해 낼 수도 있을 것입니다. 이러한 시선의 차이는 곧 북한에 대한 종합적인 이해로도 이어질 텐데요. 이러한 맥락에서 이 책은 우선 평양의 물리적 공간을 객관적으로 바라보고자 하는 시도라고 할 수 있습니다.

북한이라는 사회는 미디어의 렌즈를 통해 우리가 보아 온 기사와 영상 속 이미지를 넘어서는 다양한 모습을 지니고 있을 것입니다. 우리가 북한과 지극히 제한적인 수준의 교류를 통해 매우 한정된 정보를 얻는 동안 북한의 변화를 간과하고 있을 가능성이 있죠. 그렇다면 정치학자나 사회학자가 아닌 건축가로서 북한을 어떻게 바라보고 어떤 질문을 할 수 있을까요? 기성 저널리스트와 달리 건축가는 북한에 대해 어떤 시각으로 어떤 화두를 던질 수 있을까요? 이를 파악하기 위해서는 대중으로서 접하게 되는 필터링된 정치·경제 그리고 군사·안보 이슈에서 한발 물러나, 그 이면에 있는 물리적으로 구축된 환경에 주목할 필요가 있다고 생각했습니다. 이 책은 북한 관련 주제와 뗄 수 없는 정치·경제적 문제와의 연관성을 염두에 두면서도 물리적 환경에 주목하고자 했습니다. 나아가 그 환경이 형성된 정치·경제적 구조를 살펴보는 것 또한 중요한 과제입니다.

예컨대 평양에 자리 잡은 상징적인 광장을 볼 때 그 광장이 그저 북한 독재 정권의 욕망이 빚어낸 공간이 아니라, 사회주의 도시론에 근거하여 대규모 집회와 선전을 위해 만든 공간으로 이해하는 것이 중요합니다. 마찬가지로 주거와 공장이 맞붙어 열악해 보이는 주거 환경은 도시의 슬럼화에 따른 것이 아니라, 도시 내에 생산 구조를 갖추고자 한 사회주의자들의 고민으로 해석해야 하죠. 이러한 작업은 북한의 오늘을 바로

북한대학원대학교와 함께 하는 북 콘서트 1
지금 여기, 한반도 평화를 위한 마음

〈평양, 그리고 평양 이후〉

신간 〈도시화 이후의 도시: 사회주의 도시에서 미래를 찾다〉도 함께 나눕니다.

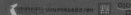

일시: 2018년 12월 12일 저녁 7시
장소: 서촌 역사책방
저자: 임동우 (프라우드 건축 대표)
대담자: 남영호 (신한대 교수)

보는 것뿐만이 아니라 미래의 북한 도시 공간의 변화 가능성과 방향을 예측하고, 그곳에 적용 가능한 현실적 대안 모델을 제시하는 것과도 직결됩니다. 이러한 분석과 예측, 제안은 우리 사회가 평양을 비롯한 북한의 도시 공간을 더 잘 이해하고, 북한이 향후 맞이할 변화의 흐름에 한발 앞서 대응하기 위해 좋은 참고 자료가 될 것입니다.

이 책은 총 4개의 파트로 구성되었습니다. '왜 사회주의 도시 평양에 주목하는가'에서는 혁명의 수도인 평양의 역사와 사회주의 도시만이 갖는 고유한 도시 공간적 특징을 설명했습니다. '북한의 심장, 평양'은 한국 전쟁 이후 이상적 사회주의 도시로서 입안된 평양의 도시 계획과 1930년대 일제 시기 마스터 플랜(기본 계획)의 유사성을 밝히고 있습니다. '평양의 도시 변형'에서는 평양의 기본적인 도시 조직과 시기별 개발 전략을 추적하여 사회주의적 도시의 색깔이 더해져 가는 과정을 살펴보았습니다. 마지막으로 '평양의 도시적 잠재성'은 시장화라는 북한의 사회·경제적 변화에 주목하며, 북한에 시장 경제가 도입될 경우 평양의 도시 공간이 어떻게 재구성될 수 있는지에 대한 구상을 담았습니다.

한 나라를 대표하는 도시의 대대적인 개발 사업은 본질적으로 그곳의 사회적 변화, 정치적 입장, 경제적 상황을 반영하기 마련이다. 북한에서 평양이 갖는 상징적 위치는 평양을 북한의 이념과 변화를 가장 적극적으로 반영하는 물리적인 공간으로 만들었고, 그동안 평양은 그러한 변화를 도시 조직에 그대로 담아내고 있었다.

사회주의 도시의 물리적 환경에 직접적인 영향을 미치는 특징들로 범위를 한정한다면 대략 세 가지로 압축할 수 있다. 첫째는 '생산의 도시'city of production, 둘째는 '녹지의 도시'city of green, 마지막은 '상징의 도시'city of symbolism다. 앞의 두 가지는 사회주의 이념이 도시 공간의 구성에 그대로 반영되면서 나타난 특징이고, 세 번째는 사회주의 이념 자체의 반영이라기보다는 그것이 사회에 반영되게 하기 위한 수단으로서의 특징이다.

북토크 열어보기

2018년 12월 12일 서촌 역사책방에서 책방 식구들과 북한대학원대학교 남북한마음통합연구센터 연구원들은 『평양, 그 이후의 평양』의 저자 임동우 선생님과 북토크를 진행하였습니다. 신한대학교 남영호 선생님이 토론자로 함께 자리하여 책의 내용을 한층 깊이 논의할 수 있었습니다. 임동우 선생님은 서울대학교 건축공학과를 졸업하고 하버드대학교 도시 설계 건축학 석사 학위를 받았습니다. 선생님은 설계 사무소 프라우드(PRAUD)를 운영 중이며, 세인트루이스의 워싱턴대학과 로드아일랜드 스쿨 오브 디자인을 거쳐 현재 홍익대학교 건축도시대학원에 재직 중입니다.

임동우 선생님은 평양에 관한 책을 출판하면서 "어떻게 북한 도시에 관심을 가지게 되었나?"에 대한 질문을 많이 받았습니다. 2006년 대학원 시절에 선생님은 크로아티아의 수도 자그레브가 어떻게 바뀌었는지에 대한 전시를 보고, 도시의 변화를 이야기하면서 그 사회를 이야기해 볼 수 있겠다는 생각을 했다고 합니다. 예컨대 50년 전 거리의 모습을 보며 그 시대상을 읽어 내고, 도시의 변화 모습에서 '우리 사회가 어떻게 변화해 왔는지'를 알 수 있지요. 또 크로아티아 거리에서 사회주의 시대와 포스트-사회주의 시대의 변화상을 볼 수 있는데, 이 역시 '북한도 분명 이러한 모습이 있을 것이다'라는 호기심에서 주목하게 된 지점입니다. 특히 이 책은 건축가로서 미래에 대한 관심에서 출발하여, 평양 또한 여타 사회주의 도시들과 같이 언젠가 자본이 들어가게 되면 '그 공간이 어떻게 변화하게 될까'라는 의문에서 시작되었습니다.

『평양, 그 이후의 평양』이라는 책은 '평양이 어떻게, 또 어떤 식으로 구성 및 발전되어 왔고, 앞으로 어떻게

북토크에서 발표를 맡은 임동우 프라우드(PRAUD) 대표

변화할 것인가'에 대한 화두를 던집니다. 임동우 선생님이 논문을 쓸 무렵인 2008년도 평양 사진을 심사위원인 선생님들께 보여 주었을 때 그들은 쉽게 믿지 않았습니다. 미국에서 바라보는 평양의 이미지와 너무 다른, 훌륭하게 계획된 도시라는 사실에 놀라는 것입니다. "과연 지난 50~60년간 무슨 일이 일어났나?"라는 의문이 생기는 것이지요. 이러한 맥락에서 이 책은 세 가지 측면으로 평양을 바라보고자 합니다.

이 책은 평양을 특수한 도시가 아니라 '사회주의 도시'라는 시각에서의 분석을 시도합니다. '사회주의 도시'라는 개념은 사실 상당히 논쟁적인데요. 예컨대 A라는 도시가 사회주의 도시인가 아닌가 하는 문제가 있는 것이죠. 다시 말해 'A 도시의 이러한 특징은 자본주의 도시에도 있는 것이 아닌가' 하는 비판이 존재합니다. 그 가운데 제임스 바터James Bater라는 학자가 사회주의 도시의 현상학적 특징을 10가지로 정리했습니다. 여기서 사회주의 도시의 특징은 자본주의 도시/사회주의라는 이분법보다는, 사회주의 도시가 공통으로 가질 수 있는 특징이 있다는 것으로 이해하시면 됩니다. 그 특징으로 도시 계획, 정책, 국가의 통제 등이 있는데요. 그중 3가지—녹지, 상징 공간, 생산—에 대한 이야기를 풀어 보겠습니다.

첫째, 평양은 '녹지의 도시'입니다. 도시가 확장되어 발전하면 이로 인해 노동자들의 삶의 질이 떨어지기 마련입니다. 그래서 도시의 다핵화를 통해 중간중간 녹지를 두어 완충시킴으로써 도시의 확장을 억제하고 충분한 녹지 공간을 확보하는 것이죠. 소위 '그린벨트' 개념입니다. 실제로 북한은 평양을 '공원 도시'로 선전하고 있고, 김일성은 녹지를 "청년들이 나라를 사랑하기 위한 학습의 현장"이라고 언급하기도 했습니다. 그

만큼 북한은 녹지를 중요하게 여겼고 이러한 면에서 평양을 녹지의 도시로 이해할 수 있을 것입니다.

둘째, 평양은 '상징의 도시'입니다. 사회주의 도시를 다핵화로 설계할 때 그 중심에는 항상 광장이 있습니다. 그 공간을 '독재자의 광기가 어린 공간'으로 볼 수도 있지만, 사실 이는 여느 사회주의 국가에서 나타나는 보편적 현상입니다. 예를 들어 동독도 분단이 되면서 도시를 설계하는 이론 16가지 설계 원칙을 발표했는데, 그중 여섯 번째가 상징 광장을 두는 것에 관한 내용이었습니다. 이상적인 사회주의 도시를 만드는 원칙에서 상징 광장은 필수적이고 중요합니다. 김일성광장과 여타 사회주의 국가의 광장이 다를 바가 없다는 점을 알게 되면 우리의 선입견도 조금씩 지워 갈 수 있을 것입니다.

셋째, 평양은 '생산의 도시'라고 할 수 있습니다. 마오쩌둥이 '도시는 소비의 도시가 아니라 생산의 도시가 되어야 된다'라고 언급한 바 있죠. 산업화한 서구 도시는 2차 대전을 겪으면서 생산 시설이 도시 밖으로 밀려나게 되고 대도시들은 소비 도시로 변합니다. 이렇게 도시의 기능이 구분되면서 동시에 노동자들은 도시 밖으로 소외되는 것이죠. 그런데 사회주의에서는 노동자들을 도시 안에 수용해야 합니다. 도시 자체를 생산할 수 있는 도시로 계획하는 것입니다. 다시 말해, 노동자의 삶을 위해서는 한 단위에서 일하고 생활하며 생산과 소비를 함께 할 수 있는 환경을 만드는 것이 관건이라 할 수 있습니다.

현재 20년 넘게 대북 제재가 계속되고 있는 중에도, 특히 최근 북한에서 도시가 발전하는 모습을 볼 수 있습니다. 그 답은 잉여 생산에 대한 허락과 기준 단위 시스템에 있는데요. 단위를 우리나라의 아파트 단지로 생각해 본다면, 한 단지 안에서 생산하고 지역 주민에게 팔면서 고용이 아닌 협동을 하는 시스템, 즉 '마이크로 디스트릭트'micro district*의 개념으로 설명할 수 있습니다. 즉, 그 단위 내에서 자체적으로 생산도 하고 소비도 하는 자생하는 순환 시스템을 만드는 것이죠. 이렇듯 사회주의 도시는 기본적으로 '자본가 공간=도시, 노동자 공간=농촌'이라는 이분법을 멀리합니다.

평양도 행정 구역에서 도시와 농촌이 결합하는 도농복합 도시 형태입니다. 농촌에 도시 영역이 있고 도시 안에도 농촌 영역이 있는 것이죠. 도시 안에서 농업 생

---

*   사회주의 도시의 적정 규모 유지 및 근린 조성을 위한 기초단위. 가족이 아닌 공동체 코뮌(commune)이 도시를 구성하는 최소 단위가 되어 아파트 단지와 같이 작업장, 농지, 학교, 동사무소 등을 함께 몰아놓은 설계를 의미한다.

산이 될 수 있게 하여 그 안에서 생산과 소비가 순환되면서 자생할 수 있도록 하는 것입니다. 그래서 평양 류경 호텔이 나오는 전경에 농경지가 보이고 그 뒤에 도시가 다시 나오는 것은 전혀 이상한 장면이 아니죠. 평양이 발전하지 못해서 농경지가 있는 것이 아니라 그 농경지도 평양 행정 구역 중 하나인 것입니다. 즉 도시를 구성하는 개념이 우리와 다른 것으로 이해할 수 있습니다.

'도시 농업'Urban Farming이라는 개념이 나온 지 10년 정도 되었습니다. 먹거리가 대량 생산되는 것에 대한 불신에서 시작된 담론인데요. "Buy local, Consume local", 다시 말해 "우리의 먹거리를 우리 지역 내에서 생산하자"라는 것을 의미합니다. 대기업에서 만드는 상품들이 품질은 좋지만, 우리 지역 경제를 살리기 위해 조금 더 비싸더라도 지역 순환 구조를 만들어 내자는 것이지요. 앞서 대북 제재 가운데서도 북한이 어떻게 살아남을 수 있었는가를 언급하였는데, 이러한 지역 순환 경제가 어쩌면 북한이 살아남을 수 있었던 요인 중 하나이기도 합니다. 동시에 도시화 이후의 단계를 겪고 있는 서구의 도시에도 시사하는 바가 있다고 할 수 있겠습니다. 글로벌 기업이 30년도 채 유지되지 않는데 도시 주민 전체가 기업 하나에 의존하다 망하

북토크에서 토론을 맡은 남영호 신한대 교수

게 되면 그 타격이 정말 막대하죠. 그래서 외부 의존도
를 줄이면서도 지역 내에서 자본이 순환되면서 지역
경제를 살리는 순환 시스템에 관한 이야기가 나오게
되었습니다.

그렇다면 사회주의 도시는 향후 도시의 모델이 될
수 있을까요? 지금 우리는 또 다른 산업 혁명 시기로
가고 있습니다. 더는 대량 생산에 의존하지 않으며 개
개인의 취향에 맞춘 소비에 주목하는 시대에서 살고

있죠. 대량 생산이 산업을 지배하던 시기에는 '고효율 저비용'으로 생산 자체가 경쟁력이 있었지만, 21세기 들어서는 로컬에서 소비자의 취향에 맞춘 생산 기술 또는 플랫폼이 경쟁력을 갖추게 되었습니다. 어떠한 면에서는 사회주의 도시의 모습이 앞으로 한국의 도시가 나아갈 길에 교훈을 제공하고 있다고 할 수 있겠죠.

영국에서 인류학으로 박사 학위를 받은 남영호 선생님은 평양 이야기를 들으면서 소련과 90% 비슷한 느낌을 받았다며 말문을 열었습니다. 그는 2년반 동안 러시아에서의 필드워크 경험을 떠올리며 소련과 동유럽도 사회주의 도시가 공유하는 지점에 대한 논의를 덧붙였습니다.

소련의 도시를 생각하면 획일성, 상투성이라는 단어도 떠오르는데, 북한은 오히려 덜 획일적이라는 생각이 듭니다. 기본적으로 도시를 생각할 때 '생물으로서의 도시'와 '계획으로서의 도시'가 떠오릅니다. 아무리 치밀하게 사람이 계획해서 만든다고 해도 20년 후에 우리의 필요를 다 예측할 수 없으므로 불편해지기 마련입니다. 생물로서의 도시는 사회주의에 잘 안 맞는 부분이 있으므로 살면서 조금씩 뜯어고치게 됩니다. 소련도 1번 학교 2번 학교 3번 학교, 1번 상점 3번 상점 4번 상점 이런 식으로 배치를 하는데, 사유 재산에 얽

매이지 않는다는 점에서 도시 설계자에게는 천국입니다. 그러나 실제로 사는 사람에게는 좀 괴롭지 않았을까요?

사회주의적 도시의 특징은 그림으로는 그럴듯한데 실제로 살면 어딘가 불편합니다. 아마 북한도 그렇지 않을까 싶습니다. 이처럼 도시에서 충돌하는 지점이 생물로서의 도시와 계획으로서의 도시라고 생각합니다. 가장 자본주의적인 도시라고 해도 계획이 없는 도시는 없고, 또 그 계획이 모든 것을 결정해서는 안 되는 것일 텐데요. 북한 도시의 향후 발전 방향에 대해서는 토지의 소유는 사회적 소유로 하되 창의성을 발휘할 수 있는 부분, 즉 계획되지 않은 부분을 남겨 두어야 한다고 생각합니다.

북토크 파고들기

Q. 최근 북한의 사회경제적 변화와 관련된 도시 현상으로는 어떤 것들이 있을까요?

러시아나 동유럽에 개방 물결이 들어오면서 도시 변화의 패턴도 비슷하게 생겨났습니다. 그중 하나가 도심지에서 유효 부지, 즉 부동산적 가치가 큰 워터프론트

water front[*]를 중심으로 나타나고, 또 다른 하나는 외곽 지역의 서버관입니다. 그런 공간에 개인 주택들이 들어가는 곳이 생깁니다. 점차 돈 가진 사람들이 늘어나면서 이들이 국가가 공급하는 아파트에 들어가기를 꺼리게 되죠. 좀 더 넓고 환경 좋은 곳, 다시 말해 개인적인 어떤 공간을 추구하게 됩니다. 또 차를 소유하게 되면 개인 차고가 있는 곳에서 살고 싶기 마련입니다. 이 두 가지 현상이 북한에서 굉장히 빨리 나타나고 있고 이미 포착되고 있는 현상이라고 할 수 있습니다.

Q. 평양은 길은 넓은데 차가 없습니다. 그 이유는 무엇이고 앞으로 자가용이 늘어나면 어떻게 변화할까요?

평양에 차가 없는 이유는 두 가지입니다. 첫째, 일단 주차장이 없기 때문입니다. 주차장이 없는 이유는 개인의 소유에 대한 억압으로 자가용 소유가 많지 않기 때문이죠. 다른 한편으로는 대중교통 이용이 사회주의 도시 계획 근간에 깔려 있기 때문입니다. 한국이 강남을 개발한 이유도 마찬가지입니다. 강북에 개인 주차

---

*   바다, 하천, 호수 등의 수변水邊 공간 자체를 의미하기도 하고 수변공간을 가지는 육지에 인공적으로 개발된 공간을 지칭하기도 한다. 출처: 서울특별시 알기 쉬운 도시계획 용어

장을 만들 수 있는 공간이 나오지 않아 강남이라는 공간에서 개인 차량 소유자 위주로 개발이 진행되었죠. 개발의 기준이 공간이 아니라 교통량이 된 것입니다. 북한도 분명 그렇게 될 수 있을 것입니다. 도시 개발을 하는 가운데 자가용이 많아진다면 수많은 농지와 녹지가 개발될 텐데요. 그러한 도시적인 흐름을 막는 것은 아마 역부족일 것 같습니다.

그런데 과연 북한이 향후 자가용 2000만 대를 소유하게 될까요? 자가용 소유가 편의를 갖추는 것을 의미하는 시대가 될까요? 의문이 듭니다. 최근 한국의 밀레니얼 세대는 자동차를 잘 안 산다고 하는데요. 그건 특정 서양 문화가 아니라 전 세계적인 흐름이라고 할 수 있습니다. 예컨대 홍대 필로티형 원룸 1층에는 대부분 주차장이 있지만, 차가 서 있는 것은 거의 볼 수 없습니다. 차를 소유하지 않는 세대가 생기고 있는 거죠. 마찬가지로 북한에서도 한두 단계를 뛰어넘는 도시화가 이루어질 가능성도 있습니다.

Q. 향후 통일이 된다면 북한의 상징물(문화유산)은 어떻게 해야 할까요?

최근에 들은 이야기로는 북한도 이제 문화재 보존에 관한 이야기가 조금씩 나온다고 합니다. 그래서 보존의 기준 또한 궁금해집니다. 이를테면 동유럽도 갑자기 체제가 바뀌었다고 해서 외부 사람들이 들어가 동상을 철거하지는 않았습니다. 그러니 우리도 그 안에 사는 내부 사람들의 이야기를 들어 보는 것이 중요하지 않을까요? 설사 통일이 되지 않더라도 내부적 변화가 있을 수 있다고 봅니다.

지금 미군 기지가 정리되면서 향후 용산을 공원화한다고 합니다. 여기에 두 헤게모니의 다툼이 있습니다. 건축계에서는 기지 내부 시설도 문화유산이니 지키자는 입장인 반면 조경계에서는 부지를 공원화해야 한다고 주장합니다. 한 국토부의 담당 공무원이 '10년간 공원을 개방하고 결정은 이후에 하자'라는 아이디어를 냈는데, 굉장히 좋은 생각인 것 같습니다. 우리는 '존치냐 밀어 없애느냐?'를 바로 결정하려고 하지만, 먼저 있는 대로 경험해 보고 후에 이야기해 보자는 자세가 바람직하다고 생각합니다. 북한 문제도 그렇습니다. 먼저 교류가 되고 이후 통일이 된다면, 우리 관점에서 김일성 동상을 보는 것은 껄끄러울 수 있습니다. 하지만 10년 정도 존치하는 것도 괜찮다는 생각이 듭니다. 일단 두고 본 후 논의를 해 보는 것이 어떨까요?

더 알아보기

고유환·박희진,『북한도시 함흥·평성 자료해제집』, 서울: 선인, 2013.

고유환,『북한도시 함흥·평성 자료해제집 2』, 서울: 선인, 2014.

김성보·기광서·이신철,『(사진과 그림으로 보는) 북한 현대사』, 서울: 웅진닷컴, 2004.

김원,『사회주의 도시계획』, 서울: 보성각, 1998.

방영철,『이제 벤처는 평양이다』, 서울: 김영사, 2004.

북한도시사연구팀 편,『사회주의 도시와 북한: 도시사연구방법』, 동국대학교 북한연구소 토대기초연구과제 연구서 1. 파주: 한울, 2013.

임동우·라파엘 루나,『북한 도시 읽기』, 서울: 담디, 2014.

임동우,『도시화 이후의 도시: 사회주의 도시에서 미래를 찾다』, 서울: 스리체어스, 2018.

최완규 편,『북한 도시의 형성과 발전: 청진, 신의주, 혜산』, 파주: 한울, 2004.

최완규 편,『북한 도시의 위기와 변화: 1990년대 청진, 신의주, 혜산』, 파주: 한울, 2006.

최완규 편,『북한 '도시정치'의 발전과 체제변화: 2000년대 청진, 신의주, 혜산』, 파주: 한울, 2007.

KBS 영상사업단,『오늘의 평양』(전2권), 서울: KBS영상사업단, 2000.

북한의 사회주의 보건의료

아서 뉴스홈 · 존 아담스 킹스베리
『붉은 의료: 소련의 사회화한 건강』
이미라 · 신영전 역, 서울: 건강미디어협동조합, 2017

일정	2019년 1월 9일 수요일
장소	역사책방
발표와 토론	신영전(한양대), 엄주현(어린이의약품지원본부)
읽고 정리	엄현숙

북토크 책 소개

이 책은 영국 출신 공중 보건학자인 아서 뉴스홈Arthur Newsholme과 미국 출신 공중 보건 활동가인 존 애덤스 킹스베리John Adams Kingsbury가 1932년 소련을 방문한 후, 소련의 사회상과 보건 의료 체계를 분석·소개한 보고서입니다. 이 책의 역자는 신영전 선생님과 이미라 선생님 두 분입니다. 신영전 선생님은 이 책『붉은 의료』외에도『소련의 건강 보장』이라는 책을 번역하셨습니다. 이 두 책의 한국어판은 러시아 혁명 100주년이 되는 2017년 10월에 나왔습니다.

신영전 선생님이 위 두 책을 번역하기로 했을 때 사람들의 첫 반응은 "지구상에서 오래전에 사라진 소련의 책을 왜 번역하느냐?"는 것이었다고 합니다. 이에 선생님은 "알고 보니 현재의 나와 우리 몸속에 너무 많은 '소련'이 들어 있었다. 그것은 소련을 알든 모르든, 또 소련을 좋아하든 싫어하든 상관이 없었다. 그러므로 소련을 모르고서는 우리의 역사 그리고 현재를 이해할 수가 없었다. 더욱이 소련을 공부하면서 우리가 러시아/소련으로 인해 입은 피해도 있었지만 도움을 받은 것도 있다는 사실을 알게 되었다"라고 말씀하셨다고 합니다.

북토크가 진행된 2019년은 3.1 운동 100주년을 맞이하는 해였습니다. 신영전 선생님은 레닌V. I. Lenin의 러시아가 1917년 10월에 이룬 혁명의 성공에 식민지 지역 사람들이 희망을 얻게 되었고, 그것은 대한민국의 3.1 운동과 무관하지 않은 것으로 보았습니다. 그에 의하면, 구한말 무능하고 부패한 정부와 탐욕스러운 제국의 압박 속에서 러시아 혁명의 성공 소식은 우리 민초들에게 암흑 속의 한 줄기 빛이요 신선한 공기였습니다. 선생님은 식민 지배의 치욕 속에서 우리가 3.1 만세 운동으로 그나마 자존심을 지킬 수 있었던 것도 러시아 혁명의 기운 덕이라고 생각하였습니다. 일제의 혹독한 탄압 속 만주와 연해주를 떠돌면서도 조국 독립의 희망을 버리지 않을 수 있었던 것, 식민 지배 하에서도 노동조합을 만들고 파업을 하며 총독부와 싸울 수 있었던 것, 약육강식의 제국주의, 자본주의, 서구적 근대화를 뛰어넘는 꿈을 꿀 수 있었던 것도, 자유·평등·형제애의 실현이라는 프랑스 혁명의 정신을 궁극까

북한대학원대학교와
함께 하는
북토크 3

붉은 의료:
|
모스크바,
평양,
그리고 서울

붉은 의료

일시
2019. 1. 9.(수) 오후 7시

장소
역사책방

저자
신영전 (한양대학교 의학대학 교수)

대담자
엄주현 (어린이의약품지원본부 사무처장)

지 밀고 가서 이를 완성하고자 했던 10월 혁명에 빚진 것으로 보았습니다. 물론 이 모든 것이 러시아 혁명으로만 설명될 수는 있는 것은 아닙니다.

그러나 분명한 것은 러시아와 그것을 만들어 간 역사가 우리에게 절대적인 영향을 미친 것입니다. 이는 비단 한국만이 아닌 동남아시아의 베트남에서도 발견되는데요. 호찌민은 "찬란한 태양처럼 10월 혁명은 오대륙을 비추면서, 전 세계의 억압받고 착취당하는 수백만 인민을 각성시켰다. 인류 역사에서 그렇게 중요한, 그런 규모의 혁명은 결코 존재하지 않았다"고 언급하며 러시아 10월 혁명을 높게 평가하였습니다. 하지만 소련은 우리나라에 한반도의 분단과 그로 인한 고통의 원인 제공자 중 하나이기도 합니다. 그럼에도 신영전 선생님이 소련의 보건 의료를 보는 이유는, 해방 직후 사실상 소군정 하에 놓였던 북한이 보건 의료 체계를 비롯한 정치·경제·사회·문화 등 거의 모든 영역에서 이른바 소련식을 관철하였기 때문이에요. 더욱이 소련식 보건 의료 체계는 한반도에만 영향을 준 것이 아니었습니다. 소비에트 연방 국가 내에서뿐만 아니라 전 세계 사회주의권 국가들이 이른바 '소련식 보건 의료'를 그 모델로 삼았다는 점에서 초기 소련식 보건 의료 체계가 이룬 성과는 인류 역사상 유례없는 것이었습니다.

전 세계에 강력한 영향력을 가졌던 '소련식 보건 의료 체계'는 누가 설계했을까요? 이 질문의 답에서 빼놓을 수 없는 이가 바로 니콜라이 알레산드로비치 세마쉬코Nikolai Aleksandrovich Semashko에요. 그는 의사이자 정치 운동가였습니다. 그의 정치적 위상을 볼 때 '소련식 보건 의료 체계'를 '세마쉬코 모델'이라 부르는 것은 일견 당연해 보입니다. 이 책『붉은 의료』(1933)의 저자들은 소련 곳곳을 직접 방문하여 세마쉬코의 구상이 실제 어떻게 구현되고 있는지 꼼꼼히 살피고 기록했습니다. 이에 신영전 선생님은 2017년 러시아 혁명 100주년을 맞아 번역된『붉은 의료』와 세마쉬코가 직접 쓴『소련의 건강 보장』이 각자가 가진 한계를 서로 보완하고 각자가 가진 장점들을 더욱 빛나게 해 주었다고 강조하였습니다.

『붉은 의료』전반부는 이들이 여행하며 보고 겪은 소련의 자연과 사람들의 모습에 초점을 맞추고, 후반부는 보건 의료의 세부 분야를 상세하게 설명하고 있습니다. 신영전 선생님에 의하면 책을 옮기는 과정은 캅카스며 크림반도 같은 아름다운 자연과 흔히 신생 국가가 그러하듯 건강한 의욕이 충만한 사회를 간접적으로나마 경험하는 즐거운 기회였다고 합니다. 종종 모스크바로 향하는 시베리아 횡단 열차를 타게 되면 이들이 보고 겪었던 것을 지도 삼아 여행할 수 있을지도 모르겠다고 공상하기도 하였습니다.

북토크 열어보기

우선 소비에트 이전의 러시아 보건 의료 체계는 지역화Zemstvo 의료로서 1864년 지방 정부 재조직화와 함께 시작하여 러시아 전 지역 우차스톡Uchastocks 단위로 세분화되었습니다.

우차스톡 의료 센터와 진료소에서는 구역 의사district physician, 준의사feldsher가 일차 의료를 담당했습니다. 이 의료 체계는 기본적으로 귀족 계급 보호, 생산성 증대, 농민 통제가 일차적 목표였다고 합니다. 이는 의사가 귀족만을 상대하였다면, 농민은 준의사가 담당한 것에서 알 수 있어요. 일례로 1917년 귀족 인구 17%가 사는 도시에 의사의 92%가 근무하였습니다. 이 모든 상황은 질병, 특히 감염성 질환의 확산에 최적의 환경을 제공하여 매년 수백만 명의 목숨을 앗아갔습니다. 도시와 농촌의 대규모 노동자들이 처했던 극단적으로 열악한 물질적 상황, 모든 대중 활동을 억눌렀던 경찰의 탄압, 노동자와 농민들에 대한 무자비한 착취, 대중의 낮은 문화 수준과 위생 관념 같은 당시의 모든 상황은 인구 집단 사이에 감염병이 창궐하기 좋은 토양을 제공하고 있었던 것입니다. 당시 보건 의료 조직은 감염병에 맞서 싸우기에는 절대적으로 부족했습니다. 1913년에는 약 8천만 명의 농촌 인구가 살던 34개 지방provinçes에 겨우 2,790개의 의료 시설이 존재한 반면, 의료 서비스는 11개의 행정 조직에서 각기 분산적으로 이루어지고 있었고 질적인 면에서도 미흡하고 원시적인 수준에 머물러 있었다고 하는데요. 오늘날 키르키즈, 추바시아, 우즈베키스탄 자치공화국을 이루고 있는 드넓은 영토에서 의료적 지원은 거의 없었고 오히려 주술과 미신의 영역에 대한 믿음이 팽배해 있었다고 합니다.

이런 러시아에 혁명(1917년 10월 혁명) 이후 기적 같은 일이 일어났습니다. 영아 사망률은 소비에트가 집권한 15년간 농촌 지역에서는 50%, 도시지역에서는 66% 감소했습니다. 인구 1,000명당 병상 수도 1923년 175.6에서 2022년 442.8개로 급격히 증가했고 병원 밖에서 이루어지던 임신 중절 수술률도 1923년 56.9%에서 1926년 12.2%로 급속히 감소하였습니다. 그 밖에도 혁명 후 소련 국민들의 건강 수준 향상은 실로 기적이라 할 만큼 놀라웠습니다. 이러한 변화는 도시와 농촌 빈민층, 모든 노동자에 대한 전적인 사회 보장의 실시와 포괄적인 보건 의료 체계 구축 등을 포함하는 폭넓은 '공공 건강 정책'healthy public policy의 시행에 따른 것이었다고 합니다. 이러한 성공의 뒤에는 러시아 혁명이 있었고 소련의 보건 의료 체계가 있었던 것입니다.

러시아 혁명 이후 보건 의료 부문에 소비에트의 성공이 미친 영향은 소비에트에만 국한되지 않았는데요. 여러 중앙 유럽 국가들뿐만 아니라 중국, 쿠바, 라틴아메리카, 아프리카 등 적게 잡아도 당시 전체 세계 인구의 약 20%에 해당하는 국가가 강력한 소련의 영향력 아래 있었다고 합니다. 당연히 한반도도 예외가 아니었고요. 단기간 내 소련이 이루어 낸 보건 의료 부문의 주목할 만한 성과는 수많은 나라가 이른바 '소련식 보건 의료 체계'를 적용하는 이유로 작용하였습니다.

책 갈 피

소련은 최초의 공산주의 국가였으며, 그 이름이 의미하듯 러시아 소비에트 연방 사회주의 공화국, 자캅카스 소비에트 연방 사회주의 공화국, 우크라이나 소비에트 사회주의 공화국, 벨로루시 소비에트 사회주의 공화국이 1922년 12월 통합되어 만들어진 국가 연합이에요.

세마쉬코(Valdimir Semashiko)는 1874년 러시아 오르로브 구베르니아(현재의 리페츠크 오브 라스트)에서 태어났습니다. 아버지는 교사였고 어머니는 마르크스주의 이론가이자 혁명가인 게오르기 플레하노프와 남매지간이었다고 합니다. 그는 17세가 되던 1891년에 엘리츠 김나지움을 다녔는데, 거기에서 정치, 사회 문제 연구를 위한 동아리를 만들어 참여하였습니다. 이후 동아리 조직이 탄로 나 동료들은 학교에서 추방되었지만, 성적이 뛰어났던 세마쉬코는 운 좋게 학교를 졸업하고 모스크바대학교 의학부에 들어갔다고 합니다. 19세 때 그는 마르크스주의 그룹의 일원이 되었고, 21세가 되던 해부터 혁명 운동에 참여하여 체포, 유배, 카잔대학 의학부 입학, 데모와 파업 주도, 투옥 등을 거쳤습니다. 36세에 러시아 사회민주주의 노동당 중앙위원회 외교국 비서를 지냈으며, 38세에 러시아 회의에서 사회 보험 제도와 하루 8시간 노동 관련 보고서를 발표했고, 43세에 지역 볼셰비키 위원회 위원장으로 선출되었습니다. 또 10월 혁명 이후에는 모스크바시 위원회 보건부장이 되었습니다. 그 후 소비에트 공화국은 세마쉬코의 리더십하에 만연해 있던 감염병과 싸우며 소비에트 공중 보건의 기초를 놓았고, 출산 보육 체계, 어린이 청소년 보건 체계를 만들었으며, 영양 연구소와 같은 의학 연구 기관 네트워크를 구축하였다고 합니다.

세마쉬코의 보건, 의료, 건강관과 세마쉬코 모델

우선 세마쉬코의 건강·보건·의료관을 살펴보면, 사회의 총체적 변화를 통한 건강의 보호 증진과 국가 발전의 도구로서의 건강이 중시되었어요. 가장 특징적인 그의 건강관은 건강이 단순히 의학적 기술로 결정되는 것이 아니라 '사회의 총체적 변화'를 통해 실현된다는 것입니다. 구체적으로 그는 건강의 기초를 ① 임금 상

발표를 맡은 신영전 한양대 교수

승, ② 집단 급식소, ③ 노동 시간 단축, ④ 시골 발전으로 보았습니다. 이러한 건강관은 소련 국민의 건강 보호를 위해서는 다양한 사회·경제 정책이 동원되어야 한다는 생각과 연결되었어요. 또한 국민들의 건강한 몸을 위한 국가의 관심과 노력은 국민에 대한 사랑에 기초하기보다는 노동 생산성과 국방을 위한 것일 때가 많았는데, 이것은 자본주의 체제나 구소련 체계에서도 크게 다르지 않았다고 합니다. 세마쉬코는 "산업 현장에서도 체육이라는 것은 근로자의 건강을 증진하고 노동 생산성을 개선하는 수단으로 사용된다"라는 인식 하에 체육 활동의 목적을 근로자의 건강뿐만 아니라 노동 생산성에 두고 있음을 공식적으로 밝혔습니다.

세마쉬코는 국민의 건강 보호 증진 그 자체를 정책의 목표로 보기보다는 국가의 안보와 발전을 위한 도구적 성격으로 보는 경향이 강했습니다. 또 전반적인 사회 정책에서 노동자, 농민, 군인, 여성, 어린이의 건강과 복리를 매우 중요하게 여겼습니다. 그중에서도 특별히 성평등을 강조하였으며, 매우 다양한 여성 노동자 보호 정책을 적극적으로 시행하였다고 합니다. 구체적으로 여성 노동자들이 출산 전후 각각 8주간의 휴가를 보낼 수 있는 권리, 출산을 앞두거나 수유하는 여성들은 시간 외 근무나 야근이 허용되지 않으며, 임신 5개월 이후 동의 없이 출장을 보낼 수 없도록 했습니다. 또한 레닌그라드-블라디보스토크와 같은 장거리 노선에는 열차에 엄마와 어린이를 위한 특별한 객차를 설치하는 등 여러 보호 정책을 신설하였다고 합니다.

세마쉬코 모델은 모두 4가지로 ① 단일한 계획과 규모의 경제에 따라 움직이는 단일 수행 조직으로서의 중앙 집권적 단일 체계, ② 모든 국민의 건강은 사회주의 건설을 통해서만 달성할 수 있다는 관점과 모성건강은 여성의 해방을 통해서만 가능하다고 보는 관점, 감염병 발생을 줄이기 위한 대중목욕탕 네트워크와 세탁소 설치 등 포괄적 공공 건강정책, ③ 인민 보건 정책의 기본을 질병 예방을 목적으로 하는 종합적인 건강과 위생 조치에 두는 예방중시, ④ 소비에트의 일원들이 의료서비스 전 영역에 적극적으로 참여하도록 하는 노동자의 참여로 나눌 수 있습니다. 이러한 중앙집권적 단일 체계, 노동자의 참여, 예방중시의 특징은 다른 원칙인 포괄적 접근, 의료서비스에 대한 접근성, 무상치료제와 서로 긴밀한 연관이 있습니다.

세마쉬코 모델의 성과와 한계

세마쉬코 모델의 성과는 건강 수준 변화와 다양한 보건사업으로 특징지을 수 있습니다. 혁명 후 세마쉬코는 소련 전역에 전술한 바와 같은 포괄적인 중앙 집중형 단일 보건의료체계를 구축하였습니다. 의사 숫자의 증가와 함께 이 시기에 이루어진 가장 중요한 변화 중의 하나는 의과대학생의 계급적, 성性적 구성의 변화라고 할 수 있습니다. 10월 혁명 이전에는 전체 의과대학생의 10%만이 여성이었고 그것도 몇몇 특수 의학교에만 허용되었다고 합니다. 하지만 혁명 후 의학교를 비롯한 다른 학교에 대해서 여성을 포함한 노동자, 농민 등에게 입학의 우선권을 주었습니다. 세마쉬코 모델의 실현으로 소련 국민의 건강 수준은 급속히 향상되었습니다.

그럼에도 소련에서 세마쉬코의 건강관과 보건의료체계에는 많은 한계와 문제점을 갖고 있었습니다. 그것은 소련의 보건의료체계가 시기에 따라 그 성격을 달리 한 것에서 출발합니다. 1기(1918~1928)는 마르크스와 위생 주의자의 관점을 반영한 사회적이고 예방적인 성격의 시기로 볼 수 있습니다. 2기(1929~1991)는 스탈린에 의해 주도된 시기로, 당시 그가 주도한 산업화·집단화·군사화의 즉각적인 필요에 따라 임상적이고 처방적인 성격을 가졌습니다. 이에 2기로 들어오면서 세마쉬코는 사실상 해고되어 사라졌다고 평가됩니다.

보건사적 함의: 한국 보건의료 제도사를 중심으로

1917년 볼셰비키 혁명의 성공은 당시 제국주의의 침략전쟁에 회의적이었던 전 세계 지식인들과 전쟁에 지친 약소민족국가의 국민에게 사회주의가 하나의 복음으로 받아들여져 급속히 전파되는 계기가 되었다고 합니다. 이에 사회주의 이상향을 소련으로 삼는 것은 흔한 일이었다고 합니다. 보건의료에서 사회주의 영향은 사회 위생학/사회 의학의 형태로 나타났어요. 또한, 그 사상은 볼셰비키의 보건의료 원칙과 매우 유사합니다.

일제강점기 대표적인 사회 위생/의학 관련 활동을 전개한 양봉근 선생은 「보건 운동사」를 만들어 보건 운동을 전개하였는데, 그의 학창 시절과 보건 운동기는 일제 식민지 통치 기간이었습니다. 주목할 것은 이 시기가 제국주의의 지배에 저항하고자 민족주의, 대동사상, 사회개조와 세계 개조론, 그리고 아나키즘을 비롯한 사회주의 등 다양한 저항 담론들이 모색되던 시기라는 점이에요. 특히 1917년 러시아 혁명의 성공은 국경을 맞대고 있는 조선에 많은 영향을 미쳤으며, 청년층과 신지식인층을 중심으로 사회주의가 광범위하게 퍼져나가게 했습니다. 양봉근 선생 역시 이러한 분위기 속에서 3.1 운동과 경성의전 동맹휴학 등을 경험하면서 민족해방을 향한 강한 민족주의 의식을 키워나갔을 것이며, 이를 토대로 사회주의 등의 진보사상을 수용해 갔을 것으로 보입니다. 양봉근 선생님 외에도 일제 식민지 시기 원산 「노동병원」의 설립, 최응석의 해방 직후 보건의료체계 구상과 역할 등을 주목해 볼 수 있습니다.

보건의료체계만큼 한 나라의 정치 관계를 잘 보여 주는 부문도 없습니다. 보건의료정책과 제도는 정치, 경제, 사회, 문화가 궁극적으로 축적되는 곳인 우리의 몸을 대상으로 하기 때문입니다.

러시아 혁명 직후 세마쉬코가 적극적인 역할을 수행했던 시기에 소련 보건의료체계의 운영원칙과 그것이 이룬 성과들은 전적으로 세마쉬코만의 작품이라고 할 수 있어요. 그의 아이디어는 독일을 중심으로 한 다른 많은 나라로부터 영향을 받은 것이기도 합니다. 하지만, 한계도 있었습니다. 소련이 공업화, 도시화, 삶의 수준 향상, 문맹 퇴치 등에서 엄청난 성과를 이루었지만, 혁명을 통해 이루고자 했던 "진정한 공산주의적 삶과 평등, 계급과 차별의 철폐, 여성 해방, 예술의 자유, 환경과 조화를 이루는 사회의 창출"과 같은 지향과는 여전히 간극이 존재했다고 할 수 있습니다.

요약하면, 우리는 러시아 혁명의 이상과 현실이라는 역사적 공간에서 소련 보건의료체계를 들여다봄으로써 보다 구체적인 혁명의 성격과 성과를 확인할 수 있었습니다. 결론적으로 한국에서 시행되었고 시행하고 있는 상당한 수의 건강정책, 더 나아가 앞으로 해야 할 많은 건강정책이 거기에 있었다고 볼 수 있습니다.

북한도 소련의 보건의료체계에 영향을 받았습니다. 북한의 모든 병원에 가면 "사회주의 의학에서 기본은 예방, 다시 말하여 근로자들이 병에 걸리지 않도록 미리 대책을 세우는 것입니다. 그러므로 사회주의 의학은 곧 예방의학이라 말할 수 있습니다."라는 김일성의 발언이 적혀 있습니다. 북한에서 탁아소는 아이는 나라가 키우는 것이며, 이를 위해 모든 생산단위에 탁아소를 제공하는 정책을 확인할 수 있게 합니다. 특히 해방 후 북한 의료체계를 만들어낸 북한 초대 내각의 리동화는 소련식 보건의료체계를 북한에 전파한 것으로 알려졌습니다. 특히 「인민보건」 잡지에 의하면 소련에 관한 연구 및 언어번역 등이 존재하였던 것으로 확인되고 있습니다.

북토크 파고들기

Q. 그렇다면 북한의 보건 의료 체계는 전적으로 소련의 모델에 기반을 둔 건가요?

네. 이미 말씀드린 바와 같이 북한은 해방 후부터 전후 복구 등 사회 구조의 기본 골격을 소련의 시스템에서 가져왔습니다. 보건 의료 부문 역시 소련의 교육 체계와 보건 의료 정책 프로그램을 이식한 것입니다. 특히

토론을 맡은 어린이의약품재단지원본부 엄주현 사무처장

소련의 보건 의료 체계는 세마쉬코의 모델인 무상 치
료제, 준의사 제도 예방 의학, 의사 담당 구역제라고 할
수 있는데, 이를 입증하는 내용은 북한 내 여러 출판물
에도 소개된 바 있습니다. 이는 북한이 1960년까지 그
들의 의학 잡지에 "해방 후 북한의 인민 보건의 발전과
그 성과에 소련 의학의 성과가 계속 도입되고 있고, 북
한은 그들의 풍부한 의학 경험을 성실히 배우고 있다"
라고 언급한 대목에서도 잘 드러납니다. 이후 1960년대를 경유하면서 북한은 이른바 '당의 유일 사상 체계'를 내세우면서 소련의 영향에서 벗어나려는 움직임을 보였습니다. 그럼에도 북한은 사회주의 국가들의 보건 의료에서 특징적으로 나타나는 '국가와 체제를 위하여 복무하는 시스템'이라는 공통분모를 가지고 있습니다.

보건 의료 구축에 있어 무상 치료제 추진을 살펴보면, 북한은 1946년 2월 북조선임시인민위원회에 보건국을 설립하고 전국의 보건 기관에 대한 통일적 조직 지도를 시행합니다. 이후 국가 병원 수 확대, 전염병 근절, 빈민에게 무상 치료 방침 제시 등을 시행했습니다. 1950년 전시에 부상자에게 무상 치료제를 실시한 경험에 비추어, 북한은 1953년부터 전반적 무상 치료제를 실시하기에 이르고, 1960년 모든 '리'에 진료소 설립한 데 기초하여 완전한 무상 치료제를 추진하게 됩니다. 전반적 무상 치료제에 관한 내용은 1980년 4월에 채택된 북한의 「인민보건법」 제2장에서도 확인할 수 있습니다. 이 법으로 노동자, 농민, 인테리(지식인) 등 모든 공민은 무상으로 치료받을 권리를 가집니다. 무상 치료의 기본 내용을 보면 아래와 같습니다.

1. 외래 치료 환자 포함 의료 기관에서 환자에게 주는 약 모두 무료
2. 환자 치료를 위한 모든 봉사 무료

3. 근로자들의 요양 의료 봉사 무료

4. 해산 방조 무료

5. 건강 검진, 건강 상담, 예방 접종 같은 예방 의료 봉사 무료

Q. '고난의 행군' 시기 북한의 보건 의료는 어떠했나요?

고난의 행군은 북한 보건 의료의 무상 치료제를 마비시켰으며, 이는 보건 의료계의 '정성 운동'에도 큰 영향을 미쳤습니다. 예고 없이 시작된 '고난의 행군'에 보건일군들조차 식량 배급과 월급 중단으로 생계난을 겪었으며, 북한의 식량난으로 치료 기관 전반의 정상 운영을 저해시키는 실질적인 의료난을 겪게 됩니다. 당시 황장엽 전 노동당 비서는 '고난의 행군'으로 인한 사망자 수가 240만 명에 이를 것이라 추산하기도 하였습니다. 북한의 보건일군 양성 정책 연구로 박사 학위를 받은 이혜경에 의하면, 사회적으로 식량 공급 중단의 파장은 병원 식당의 식량 공급이 끊기고 이에 환자와 직원들의 식당 폐문과 동시에 병원조차 문을 닫는 사태를 빚었으며, 여기에 전력난까지 겹쳐 설비 가동과 소독 시스템 등이 마비되었다고 합니다. 전력난에 모든 병원과 의사들은 무용지물이 되었고 환자 진료의 기본인 초보적인 소독조차도 할 수 없었다고 합니다. 즉 전대미문의 식량난과 복합된 에너지난 등에 의한 생활

전반의 참상이 정상 운영을 마비시킨 것입니다.

해당하는 예로 식량난에 따른 인구 손실에 관한 선행 연구들을 보면 25만에서 300만 명에 이르기까지 인구 손실의 규모에 상당한 차이가 나타납니다. 하지만 1993년과 2008년에 걸친 센서스(인구 조사) 자료와 출산, 사망에 관한 자료들을 종합하여 살펴본 바에 의하면, 1993년에서 2008년까지 88만 명이라는 손실이 있었음을 확인할 수 있습니다.

Q. '고난의 행군' 이후로는 북한의 보건 의료에서 근본적 변화가 시도되었나요?

북한은 산을 끼고 있는 지리적 이점을 활용하여 동구권의 중단된 수입 약품에 대한 부족을 해결하고자 노력하였습니다. 해마다 보건일군들에게 1인당 약초 캐기 및 재배 과제를 주고, 보건 행정 총화에 반영하는 등 북한은 자체적으로 위기에 대응하려는 모습을 보였습니다.

또한 북한은 유엔을 비롯한 각국의 지원이 활성화되는 가운데, 평양에 정성제약회사를 설립하고 스위스 합영 제약 회사를 들여오는 등 위기를 극복하고자 부단한 변화를 모색하였습니다. 그 결과 2004년부터 평양 내 9개 약국을 열어 의약품을 생산 보장하고 있으며, 이 중 한 곳은 24시간 영업하는 등 변화를 직접 확인할 수 있습니다.

더 알아보기

박경숙,『북한 사회와 굴절된 근대』, 서울: 서울대학교출판문화원, 2013.

신희영 외,『통일의료, 남북한 보건의료 협력과 통합』, 서울: 서울대학교출판문화원, 2017.

요시다 다로,『의료천국, 쿠바를 가다』, 위정훈 역, 서울: 파피에, 2011.

이아지마 와타루·사와다 유카리,『중국의 사회보장과 의료 변화하는 사회와 증가하는 리스크』 이용빈 역, 서울: 한울아카데미, 2014.

이안 F. 맥니리,『거대한 규모의 의학 루돌프 비르효, 자유주의, 공중보건학』 신영전·서지은 역, 서울: 건강미디어협동조합, 2019.

이혜경,『북한 무상치료제에 대한 이해』, 서울: 솔과학, 2018.

정병호,『북한기근의 정치경제학: 수령경제, 자력갱생, 기근』, 서울: 시대정신, 2005.

누구의, 어떤 평화?

한반도의 전쟁과 평화

핵무장국가 북한과 세계의 선택

이삼성

> 한국이 균형외교의 길을 걸어야만 한반도 진정위기의
> 고도화와 일상화라는 파국적인 상황을 피할 수 있다.
> 북한은 한국의 균형외교가 완성되면 새로운 외교적 공간 안에서
> 중국에 대한 경제적·군사적 종속이나 의존에서 탈피해
> 자주외교의 길을 걸을 수 있다.
> 여기에는 궁극적으로 핵무장의 해체를 포함하는
> 북한과 미국 간 대타협의 가능성도 포함된다.

한길사

이삼성
『한반도의 전쟁과 평화: 핵무장국가 북한과 세계의 선택』
파주: 한길사, 2018

일정	2018년 12월 21일 금요일
장소	역사책방
발표와 토론	이삼성(한림대), 윤석준(서강대)
읽고 정리	김태경

북토크 책 소개

『한반도의 전쟁과 평화: 핵무장국가 북한과 세계의 선택』은 2018년 봄부터 시작된 한반도 평화 프로세스의 시점에 출간되었습니다. 이삼성 선생님은 30여 년 가까이 한반도와 동아시아를 둘러싼 국제 정세 분석을 통해 전쟁과 평화의 문제를 고민하고 발언해 온 국제정치학자입니다. 이삼성 선생님은 서문에서 책의 지향을 "건강한 상식을 갖춘 일반 시민이 '안보'를 확립하고, 이 땅에 사는 수천만의 삶에 치명적 영향을 끼칠 수 있는 전쟁과 평화에 관한 국가 정책을 공론의 장에서 다툴" 수 있도록 하나의 창을 제공하는 것이라 밝히고 있어요. "학자로서 그리고 한 시민으로서 전쟁과 평화의 문제를 성역의 반열에서 끌어내려 민주적 토론의 장으로 불러오고 권력 논리의 대안을 제시하고자" 쓴 이 책은 복잡하게 얽혀 있는 한반도 전쟁과 평화의 퍼즐을 풀어 가는 좋은 안내서가 됩니다.

누구의, 어떤 평화?

책은 어떻게 우리가 북한의 핵무장 국가화 현실에 다다랐는지 최근의 상황들에 관한 설명과 미국의 거시적인 동아시아 전략 및 핵전략에 대한 분석, 한반도 핵 문제의 지난한 역사에 대한 해석, 북한 핵무력 완성에 대한 한국의 선택지 등을 이야기합니다. 또 핵무장과 승인, 핵억지 등과 관련한 국제 정치학적 분석과 역사적 사례 제공, 한반도 평화 협정 및 동아시아에서 평화 정착을 위한 대안 제시에 이르기까지 공공의 토론을 위한 유용한 자원과 다양한 담론을 제공하고 있습니다. 무엇보다도 책 전반을 통해 이삼성 선생님은 북한의 핵능력이 완전히 변화된 현실, 그리고 우리의 대응으로 평화 협정과 평화 체제를 확립하는 것의 중요성을 강조하고 있습니다.

2017년을 기점으로 세계가 '핵무장 국가 북한'이라는 변화된 전략적 현실에 직면했습니다. 새로운 전략적 상황에서 북한과 미국이 평화적 협상의 국면에 들어가게 되었고요. 2018년 문재인 정부가 한반도 문제의 평화적 해결을 위한 외교적 노력과 함께 진행한 한반도 평화 프로세스의 진정한 성취를 위해선 그동안 체계적으로 고민하고 추구하지 않았던 평화협정·평화 체제에 대한 진지한 고민들이 필요합니다. 그것이 바로 이 책의 포인트인 것이죠. 한반도, 동아시아에서 지

북한대학원대학교와 함께 하는 북토크 2
지금 여기 남북의 마음 열기

어떤 평화를
어떻게 만들 것인가?

12월 21일 (금) 저녁 7시

역사책방

저자: 이삼성 (한림대)

대담자: 윤석준 (서강대)

SSK남북한마음통합연구센터

속적인 평화의 정착을 위해서는 평화 협정과 비핵화의 단계적이고 동시적인 병행이 필수입니다. 평화 프로세스의 진전에 따라 기존의 한반도와 동아시아 질서의 전환, 즉 한반도 전체를 둘러싼 핵 위협 제거를 보장하는 제도적 체계의 마련, 동아시아 내 적대적 관계들의 평화적 관계로의 이행, 지정학적·정치·군사적 측면만이 아닌 역사·심리적 냉전 구조의 해체 등을 통한 평화의 질서가 만들어져야 한다는 것입니다.

2017년 11월 29일 대륙간탄도미사일ICBM '화성-15형' 발사 성공으로 "국가 핵무력 완성"을 선포한 북한은 2006년 첫 핵실험을 시작으로 6차 수소폭탄 실험에 이르는 핵능력과 미사일 능력을 갖추었습니다. 이로써 북미 간에 전략적 균형(공포의 균형)이 이미 성립했다는 것이 이삼성 선생님의 평가입니다. 세계 최대 핵보유국인 미국과 북한 사이의 '공포의 균형'이란 적대하는 쌍방이 핵국가일 때, 서로에 대한 1차 핵공격이 적대국이 가진 핵능력의 완전한 소멸을 확정할 수 없다는 점, 핵교전 이후 남은 핵능력에 의한 2차 핵공격에서 자유로울 수 없다는 점 때문에 선제공격을 할 수 없어지는 딜레마를 가리킵니다. 1962년 냉전의 한복판에서 일어난 쿠바 미사일 위기 당시 소련 보유 핵무기 가운데 미국 타격이 가능한 건 실제 300여 기 정도로 이는 미국이 소련을 타격할 수 있는 3천여 기의 핵무기와 비교가 되지 않았습니다. 하지만 당시 미 국방장관 맥나마라가 실제로 사용할 수 있는 핵무기가 없다고 한 것은 바로 이 공포의 균형 때문이었죠. 이것은 북한이 핵무장 완성 단계에 들어섬으로써 창조된 새로운 한반도 상황과 유사합니다. 북한은 수폭을 포함한 핵무기와 함께 중거리급 미사일과 SLBM까지 보유하게 됨으로써 북한은 한국에 더해 일본과 그 안에 주둔한 미군사력도 전략적 인질로 삼을 수 있는 단계에 진입했습니다. 이로써 북한은 ICBM 능력을 떠나서도 한반도 안팎에서 이미 미국과 전략적 균형, 즉 공포의 균형을 이루는 상태에 도달한 측면이 있는 것입니다.

이러한 북한과 미국의 전략적 상황에서 북미 관계의 근본적 변화, 그리고 문재인 정부의 한반도 평화와 번영을 위한 정책 노선에 기초한 남북 관계 진전을 통해 한반도 평화 프로세스가 시작되었습니다. 이삼성 선생님은 북한의 "국가 핵무력 완성"이라는 변화가 역설적으로 가져온 한반도 평화 프로세스와 진전을 위해 우리가 풀어야 할 쟁점과 관련 대안들을 제시하면서, 지금까지 한반도의 비핵화와 관련된 위기가 어떤 역사적 과정을 통해 심화·증폭되었는지 추적합니다. 한반도를 둘러싼 핵위기의 기원은 한국전쟁기에 미국이 핵

사용을 고려했던 계획, 1958년 한국에 미국의 전술핵을 배치했던 1950년대로 거슬러 올라갑니다. 1970년대에는 동아시아에서 미국과 중국 간 데탕트(긴장 완화) 국면에서 한국의 대미 안보 공약에 대한 불안으로 박정희 정부가 핵무장을 시도하기도 했고, 베트남 공산화 직후인 1976년 미국은 대북한 핵무기 사용을 위협하는 동시에 한미 합동군사훈련을 시작하고 한국은 미사일 개발을 먼저 시작합니다. 이러한 군비경쟁은 곧 공산권 붕괴로 심화된 북한의 에너지난과 겹치면서 북한 핵 프로그램의 원동력이 되고 맙니다.

현재의 시점에서 역사를 돌이켜 보면, 핵보유 과정에서 북한이 처음부터 핵무장을 일관되게 계획하고 멈춤 없이 진전시켰다고 보기는 어렵다는 것이 이삼성 선생님의 해석입니다. 2017년 말에 이르기까지 북한이 핵 및 미사일 능력을 완성해 온 과정을 끈질기게 따라가다 보면 그들의 핵무장 의도 및 관련 핵능력 증강을 단순하게 정의하기 어렵습니다. 1993~1994년 핵위기, 2002~2003년 핵 위기를 거쳐 2006년 1차 핵실험과 잇따른 미사일 발사에 따른 북한 핵무장 과정에서 우리는 북한이 미국과 한국 및 주변국과의 협상을 통한 관계 정상화와 평화적 해결을 통해 증강을 멈출 수 있었던 순간, 완성을 피할 수 있었던 국면들을 발견하게 됩

발표를 맡은 이삼성 한림대 교수

니다.

대표적으로 제네바 합의 파기와 관련 맥락들에서 북미 간 합의가 이행되지 않은 책임은, 흔히 국내 보수 언론들에서 단언하는 바와 같이 북한의 일방적인 핵능력 제고에 있지 않습니다. 무엇보다 클린턴 행정부와 북한의 1994년 제네바 합의 직후 미국 정치에 일어난 신보수 '공화당혁명'으로 미국의 합의 이행이 파행을 겪으며 북미 간 그리고 남북 간 신뢰가 현저히 파괴되어

간 상황을 주목할 필요가 있습니다. 2001년 초 갓 취임한 부시 대통령은 고 김대중 대통령과의 회담에서 햇볕정책에 대한 반대 입장을 분명히 합니다. 이것은 북한의 제네바 합의 이행 노력 여부와 무관하게 미국이 대북 적대시 정책을 부활시킬 것임을 예고한 것이었죠. 북한을 '악의 축'으로 규정하고 유사시 핵공격 대상으로 공표하는 등 미국의 대북한 위협이 이어집니다. 미국은 2002년 10월 켈리 차관보의 방북을 통해 북한이 우라늄을 이용한 핵무기 개발 시도를 확인받았다고 주장하고 그것을 명분으로 제네바합의를 공식 폐기합니다. 그러나 이삼성 선생님은 켈리 방북의 전후맥락, 그리고 당시 미국의 정보판단의 근거에 대한 비판적인 분석을 통해서 부시 행정부에 의한 제네바합의 파기의 비합리성을 밝히고 있습니다. 북한은 미국의 제네바합의 파기에 강하게 반발하면서 핵무기확산금지조약(NPT) 체제를 이탈하여 핵무기 개발 추진을 공식화합니다. 이에 불안을 느낀 미국은 2005년 제4차 6자회담을 통해 북한과 9.19 공동성명에 합의합니다. 그러나 이 성명서의 잉크가 마르기도 전에 미 재무부는 방코델타아시아Banko Delta Asia와 관련해 대북 금융제재를 가함으로써 9.19 성명을 무력화시킵니다.

2009년 말 오바마 대통령이 서울을 방문해 이명박

정부를 설득하면서 북미 대화에 시동을 겁니다. 하지만 2010년 봄에 일어난 천안함 사태와 그 해 말의 연평도 사건 등을 계기로 남한은 대북 선제타격을 공식화한 공격적 대북 군사 독트린을 앞세웁니다. 북한은 이에 맞서 핵무장 강화의 길을 걸어갑니다. 북한 핵문제가 치명적 악순환의 덫에 빠져들어간 것입니다. 이후 오바마 행정부가 내세운 '전략적 인내'란 선제타격용 무기 성격을 가진 벙커버스터를 포함한 대규모 군사 판매를 통해서 남한의 공격적인 대북 군사 독트린을 뒷받침하는 군비 확장의 시간이었으며, 이는 곧 2017년 김정은 정권에 의한 핵무장 완성의 중요한 배경의 하나가 되고 맙니다. 앞서 언급했듯이 북한 핵무장 완성이 초래한 미국과 북한의 전략적 균형이라는 조건 속에서 더욱 절박한 지상과제가 된 한반도 평화를 위해 문재인 정부는 새 길을 모색하게 됩니다. 그 노력이 남북 간, 북중 간, 북미 간 정상회담을 연쇄적으로 이끌어 내면서 2018년 '한반도의 봄'이 전개되었습니다.

책에서 가장 강조되는 것은 결국 한국의 선택지입니다. 과거의 역사적 과정을 회고하면서 교훈을 도출하고, 기존의 실수와 오류를 반복하지 않는 정책 옵션들을 마련하는 것. 현재의 관점에서 한반도의 긴장을 해소하고 평화 정착을 실현하는 새로운 인식에 이바지하는 것이 궁극적인 지향입니다. 특히 '누구의' 평화인가라는 질문을 던져 보면 서문의 "일반 시민들이 평화를 현실화하는 데 기여하는 담론을 제공한다"는 의도에서처럼 이는 결국 한국이 가야 할 길, 우리의 입장에 대한 탐색을 강조하는 것입니다. 이러한 의도가 직접 드러나는 것이 평화 협정과 관련된 모색 및 동북아 비핵무기 지대화 제안입니다. 이삼성 선생님이 전후 동아시아 질서를 이해하는 방식은 '동아시아 대분단체제'란 개념을 근거로 하는데, 이 구조에서 한반도는 남중국해, 타이완해협, 오키나와를 포함한 동중국해와 함께 미일동맹과 중국대륙 사이에 존재하는 3차원적 긴장이 가로지르는 '대분단선'의 정점에 놓여 있습니다. 한반도의 평화체제 구축 여부는 이러한 동아시아 대분단체제의 현재와 미래에 긴밀하게 연동되어 있습니다.

이삼성 선생님은 결론에서 현재 한반도를 둘러싼 구조적 폭력의 존재를 제주도 전설상의 '이어도'라는 비유를 통해 보여 줍니다. 그 자리에 버티고 있는 냉전적 구조는 파도가 가라앉으면 눈에 보이지 않지만, 풍랑으로 거센 파도가 높아지며 위기가 고조되는 순간 확연히 드러나는 바다 아래 섬의 골격과 같습니다. 이어도와 같이 전쟁이 끝나지 않은 한반도의 냉전적 구조를 평화 협정을 통해 항구적 평화로 전환하는 것은, 그

것이 남의 일이 아닌 이 공간이 '고향'이고 생활 세계인 사람들의 손으로 가능하다는 것이 이삼성 선생님이 강조하는 진실이라고 생각합니다.

책갈피

한국이 균형 외교의 길을 걸어야만 한반도 전쟁 위기의 고도화와 일상화라는 파국적인 상황을 피할 수 있다. 북한은 한국의 균형 외교가 만들어 낸 새로운 외교적 공간 안에서 중국에 대한 경제적 군사적 종속이나 의존에서 탈피해 자주 외교의 길을 걸을 수 있다. 여기에는 궁극적으로 핵무장의 해체를 포함하는 북한과 미국 간 대타협의 가능성도 포함된다.

북토크 열어보기

한반도 전쟁과 평화를 주제로 영추문 앞 위치한 역사책방에서 2018년 12월 21일 저녁에 열린 북토크는 한림대 이삼성 선생님의 발표와 서강대 윤석준 선생님의 토론으로 진행되었습니다. 이삼성 선생님이 그간 작업의 연장선상에서 출간한 『한반도의 전쟁과 평화』를 중심으로, 2018년 한 해 동안 일어난 한반도 평화 프로세스의 향방과 앞으로의 정책 대안을 나누는 뜻깊은 시간이었습니다. 북토크의 중점은 한반도 평화 프로세스가 남북의 만남, 북미의 만남, 북중의 만남 등으로 새로운 희망을 안겨 주었지만, 연말의 상황에서 크게 진척되지 않고 있는 이유와 앞으로 해결해야 할 사안들의 우선순위에 대한 논의였습니다.

북토크의 시작은 2017년 말 완성된 것으로 볼 수 있는 북한 핵무장 완성의 현실적 결과에 대한 평가였습니다. 굳이 미 대륙을 위협하는 ICBM 역량을 거론하지 않더라도 북한은 이미 2017년 한반도와 그 주변에서 미국과 공포의 균형을 확립할 정도의 핵무장 완성을 달성했으며, 그 핵무장을 전쟁의 위협 없이 평화적으로 해체해 내기 위해서 한국과 미국이 각오해야 할 협상의 실체, 그 최소요건이 평화협정이란 사실을 직시해야 한다는 것입니다. 남북 정상 간의 4.27 판문점 선언과 북미 정상 간의 6.12 싱가포르 선언의 핵심은 북한 비핵화를 북한에게 안전을 보장하고 미국과 정상적인 외교적, 경제적 관계 정상화를 제도화하는 장치로서의 한반도 평화체제 구성을 통해서 진행시킨다는 큰 틀에 대한 합의였다는 것이 이삼성 선생님의 해석입니다. 하지만 이후 트럼프 행정부는 미국의 뿌리 깊은 군산정복합체軍産政複合體의 대변자 격인 국가안보보좌관 존 볼턴과 국방부 장관 등이 앞장선 가운데 그 선언들의 이행은 처음부터 저지되었고, 트럼프 대통령은 그와 다른 일관된 철학이 없었던 탓에 역시 주저앉고 말았다는 것입니다.

이후 한국 정부 역시 미국과의 외교적 마찰을 최소화하는 데 역점을 둔 나머지 4.27 판문점 선언의 기본 정신을 구현하는 데 소극적이 되고 맙니다. 한미 정상들과의 회담을 계기로 한반도 평화협정체제 전환을 위한 본격적 협상과 결합된 비핵화 협상을 기대했던 북한은 실망할 수밖에 없는 상황이라는 진단이었습니다. 이삼성 선생님은 6.12 싱가포르 선언의 정신을 잃어버린 트럼프 행정부, 그리고 그러한 미국에게 한때나마 가졌던 기대를 이제는 접고 비핵화 의지에서 뒷걸음질 치고 있을 북한, 이 둘을 다시 견인해 낼 수 있는 궁극적인 접점 역시 평화협정 협상의 본격화에서 찾을 수밖에 없다고 말합니다. 힘이 약한 한국이 할 수 있는 일이 무엇이냐고 말하는 사람도 있습니다. 그러나 아무리 보수적인 행정부라도 미국 정부 안에는 강경파와 협상파 사이에 경쟁과 긴장이 있습니다. 둘 사이의 힘의 균형에 영향을 미치는 다양한 요인들이 있지만, 가장 중요한 변수는 한반도의 당사자인 한국의 선택과 비전이며 이에 기초한 지혜로운 외교적 노력 여부입니다. 강경파는 전쟁 불사를 외칠 수 있지만, 그들 역시 실행할 수 없는 딜레마에 처해 있기 마련입니다. 한국

토론을 맡은 윤석준 서강대 학술연구교수

의 비전과 선택은 결코 무력한 것이 아니며 미국의 한반도 정책을 결정할 수 있고, 또 그렇게 해야 한다고 이삼성 선생님은 강조합니다.

윤석준 선생님은 북토크의 흥미로운 진행을 돕기 위해 몇 가지 키워드로 이삼성 선생님과의 인연을 이야기했습니다. 와인을 만들어 내는 토양을 뜻하는 '테루와'라는 말을 통해 대학 시절 이삼성 선생님을 비롯해 몇몇 선도적인 위치에 있는 선생님들 저작을 읽으면서 한반도와 세계에 대해 고민을 심화해 왔다는 것을 설명했습니다. 또 1990년대 초중반 대학 시절을 거쳐 현대 대북 사업에 참여했던 이력, 현장에서 대북 정책과 경협 사업을 배우면서 한반도 문제 해결을 위한 보다 보편적인 문제의식과 해법을 동원하고자 프랑스 유학에 오른 경험 등을 언급했습니다. 무엇보다 윤석준 선생님은 한결같이 동아시아와 한반도의 전쟁과 평화 문제를 연구해 오신 이삼성 선생님에게, 국제 정치학적 시각에서 한반도를 둘러싼 위기에 대한 정부와 시민 사회의 대응을 고민하고 발언해 온 지금까지 한반도 평화 체제에 대한 시각은 어떻게 변화되었는지 질문했습니다. 특히 책의 후반부에 논의하는 한반도 평화 협정, 더 나아가 동북아 비핵 지대화라는 제안을 두고 지금 정책을 수립·집행하는 이들에게 어떤 논의들을 더 전달하고자 하는지를 질문했습니다.

이삼성 선생님은 윤석준 선생님과의 대화를 이어 나가면서 현재 한국 정부와 국책 기관에서도 평화 협정의 개념·역할과 앞으로의 추진 과제 및 일정을 확립하지 못한 점을 가장 아쉬워했습니다. 지금 '한반도의 봄'은 그 자체가 평화 협정과 맞물려 있는 것인데, 실제로 협상 과정에 북한이 원하는 평화 협정 관련 논의가 부진하고, 선先비핵화 요구가 제기되면서 난항이 계속되고 있다는 것입니다. 한반도의 봄이 시작된 구조적 요인들, 즉 북한의 핵무력 완성을 통한 북미 전략적 균형,

이에 기초한 문재인 정부의 '균형 외교', 이로써 한중 간, 북중 간, 한미 간, 남북 간 협의의 순환을 통해 광범하게 합의한 "쌍중단, 쌍궤병행"에서 비핵화-평화 체제의 고리가 돌아가지 않고 있다는 것입니다. 이삼성 선생님은 2018년 6월 싱가포르 회담 이후 미국이 평화협정 협상 문제를 비핵화 이후로 미루고, 2018년 9월 평양 남북정상회담에서 군사 분야 합의서와 같은 성과가 나왔음에도 한국이 미국의 선호에 조응하여 평화협정 문제를 비핵화 일정 이후로 미루는 데 동조하는 태도를 보이는 상황이야말로 2018년 후반기 평화 프로세스의 교착 원인이 되고 있음을 지적했습니다.

'한반도의 봄'이 시작된 2018년의 연말 북토크는 이 봄이 꽃을 피우고 냉전의 해빙을 불러야 할 필요성을 깊이 공감하는 청중들의 참여로 더욱 깊어졌습니다.

북토크 파고들기

Q. 남북 관계, 북미 관계에 대한 보통 사람들의 기대는 사실 평화 협정과 같은 어려운 이야기들보다는 직접적으로 와닿는 경제적 협력, 교류 증대입니다. 후자의 이야기가 실상 평화에 더 가깝다고 생각하는데요. 그런 의미에서 평화 협정이 평화 만들기에 왜 그렇게 중요한 것인가요?

금강산 관광, 개성공단의 재개 문제, 남북 간 경제·문화 교류가 진전되지 않는 현실에서, 또 북한의 핵능력 증강 과정에서 북한에 부과된 국제 사회의 제재가 풀리지 않고 있는 맥락이 중요합니다. 지적하신 것처럼 경제적 협력의 진전이 열어갈 평화가 교착되고 있는 것은 근본적인 정치, 군사적 문제가 풀리지 않는 현실 때문입니다. 대북 제재 해제를 포함한 북미 관계 정상화를 비핵화 일정의 뒤로 미루고 평화 체제에서 논의할 관계 정상화 등에 대한 협상은 더딘 상황에서 선비핵화를 압박하는 미국의 요구는 스스로 핵국가로서 지위를 분명히 선언한 북한이 수용하기 어려운 전제입니다.

경제적 협력·교류가 진전되면 물론 평화정착을 이끌수 있습니다. 문제는 많은 경우 그러한 교류협력 자체가 평화체제 자체의 부재 때문에 좌절되고 만다는 것입니다. 기능주의적 예측이 종종 틀리는 이유입니다. 경제적 교류 협력의 추구와 동시에 평화협정 협상이 본격화되어야 할 이유이기도 합니다.

여기서 유의할 점은 평화협정을 본격 협상한다는 것의 근본 기능입니다. 우리 정부, 정치권, 언론 그리고 지식인사회는 아직도 보수와 진보를 막론하고 평화협정을 평화의 결과로서밖에는 생각하지 않는 잘못된 사고의 틀에서 벗어나지 못하고 있습니다. 평화협정은 평화 과정의 출구가 아니라 평화를 만들어내고 제도화시키는 데 필수적인 '진정한 평화의 입구'이며, 그렇게 활용되어야 합니다. 전쟁의 끝무렵에 맺어지는 평화협정은 분명 이미 힘으로 결정된 평화의 뒤처리 문서이기에, 평화 과정의 '출구'일 수 있습니다. 그러나 전쟁을 회피하고 더 나아가 항구적인 평화체제를 만들어내기 위한 약속 문서로서의 평화협정은 당연히 평화의 '입구'일 수밖에 없고 그렇게 인식되어야 합니다.

Q. 『마음이라는 키워드』를 펴내는 2020년 여름, 2018년 시작된 한반도 평화 과정의 경색 국면에서 평화를 위한 어떤 노력이 가능할까요?

2019년 6월 12일 문재인 대통령은 북유럽 순방 중 참석한 오슬로 포럼 초청 연설에서 '국민을 위한 평화'Peace for People를 말했습니다. 평범한 사람들이 자유와 평등의 가치를 담아 공포한 노르웨이 독립 선언인 '에이츠볼Eidsvold 헌법'을 언급하며 반나치 저항 역사에 바탕을 둔 국민이 이룬 평화의 중요성을 강조하고, 마찬가지로 우리 국민이 이룬 반제국주의 평화 투쟁이었던 3.1 운동의 역사를 언급하면서 2018년 발 한반도 평화 프로세스의 이상을 '국민을 위한 평화'로 설명했습니다. 한반도에서 전쟁의 중지라는 소극적 의미의 평화를 넘어서서 '일상을 바꾸는 적극적 평화', 분단으로 인한 구조적 폭력을 평화적으로 해결하는 '국민을 위한 평화'를 만들어 갈 것이라는 비전을 밝힌 것입니다.

이삼성 선생님이 지적한 한반도 평화 협정과 평화 군축을 위한 시민 사회의 꾸준한 노력, 한일 시민 사회가 연대하는 동북아 비핵무기 지대화 형성을 위한 노력은 이러한 비전의 바탕이자 실현을 위한 원동력입니다. 유럽의 탈냉전 과정을 현재의 시각에서 회고하면 서유럽 시민 사회의 1970년대 말과 1980년대 초반의 광범한 반전 평화 담론, 반핵 평화 운동이 1987년 미소 간 중거리 핵전력 폐기로 이어졌던 경험들은 시민 사회가 적극적으로 평화를 만들어 간 대표적 사례입니다. 당장 직접적인 영향 관계가 보이지 않더라도 시민 사회의 다양한 평화 만들기 노력이 한국과 주변 동아시아에서 확산될 때, 한반도 평화 체제의 당사자인 국가들의 정책적 선택에 근본적인 지지/반대의 동력을 부여하고 궁극적 방향을 설정하는 데 도움이 될 것입니다.

남북 관계의 진전 역시 민간 영역에서 더 잘할 수 있고 해야 하는 사업들이 존재하고 또 정부가 책임을 지고 지속할 역할이 존재합니다. '국민을 위한 평화'는 민간과 정부가 함께 공동으로 평화를 구축하는 과정을 포괄합니다. 한국 정부가 비핵화-평화 체제 협상의 지속을 위해 남북 간, 미국과 중국, 일본, 러시아와의 정책 추진 과정에서 평화 체제 실현이라는 방향을 꾀한다면 이러한 정부의 평화 정책은 시민 사회의 요구와 담론들을 통해 조정·심화되고 정당성을 가지고 추진될 수 있습니다. 평화 운동, 평화 정책은 다른 누구의 일이 아니라 지금 여기에서, 평화와 안전의 문제가 제일이라고 여기는 보통 사람들의 개입을 통해서 실현 가능하다는 것이 세계 현대사가 알려 주는 교훈입니다. 한반도와 그 주변의 평화가 자기의 문제인 사람들이 평화를 위한 대화와 행동에 다양한 방식으로 함께할 때, 동아시아의 오랜 냉전의 구조를 새로운 질서로 바꿀 수 있을 것입니다.

더 알아보기

문정인·홍익표·김치관, 『평화의 규칙』, 서울: 바틀비, 2018.

박명규·백지운 편, 『양안에서 통일과 평화를 생각하다』, 파라파쳄 시리즈 4, 과천: 진인진, 2016.

신욱희·권헌익 편, 『글로벌 냉전과 동아시아』, 서울: 서울대학교출판문화원, 2019.

신한대학교 탈분단경계문화원 편, 『경계에서 평화를 찾다: 유럽·양안·한반도』, 서울: 두앤북, 2020.

서보혁·정주진,『평화운동: 이론 역사 영역』, 파라파쳄 시리즈 7, 과
천: 진인진, 2018.

윌리엄 스마이저,『얄타에서 베를린까지: 독일은 어떻게 분단되고
통일되었는가』, 김남섭 역, 서울: 동녘, 2019.

장달중·이정철·임수호,『북미대립』, 서울: 서울대학교출판부,
2011.

정욱식,『핵과 인간』, 파주: 서해문집, 2018.

다큐멘터리「이제는 말할 수 있다 16회, 94년 한반도전쟁위기」, 문
화방송, 2000.

영화「D-13」, 2001.

냉전의 고고학

북한문학예술의 지형도 5

전쟁과 북한 **문학예술**의 행방

남북문학예술연구회 편

역락

남북문학예술연구회 편
『전쟁과 북한 문학예술의 행방』
서울: 역락, 2018

일정	2019년 2월 14일 목요일
장소	책방이음
발표와 토론	유임하(한국체대), 김은정(한국외대), 김민선(동국대)
읽고 정리	김성희

북토크 책 소개

오늘날 한국 전쟁은 한국인들에게 어떠한 기억으로 남아 있을까요? 전쟁을 경험하지 못한 세대가 전쟁 세대보다 더 많아진 지금, 우리의 기억은 체험보다는 기록에 기대고 있는 경우가 많을 것입니다. 그렇다면, 이러한 우리의 기억은 어떠한 기록에 기대고 있는 것일까요?

전쟁을 객관적인 시각으로 기록하는 것은 거의 불가능할 것입니다. 일단 감정적으로 불가능합니다. 거의 모든 전쟁 기록엔 적敵에 대한 증오가 덧칠해져 있습니다. 하지만 시간이 지나면 감정의 밀도는 낮아지고 그 정도는 누그러지게 마련입니다. 그때에서야 지극히 감정적이고 주관적이었던 전쟁의 기록을 이성적이고 객관적인 시각에서 새롭게 읽을 수 있을 것입니다. 하지만 과거를 객관적으로 다시 바라본다는 것은 그냥 저절로 되는 일이 아닙니다. 기존에는 무시되거나 금지

당했던 새로운 시선을 도입해야만, 객관적 시각 혹은 객관에 가까운 시각을 확보할 수 있겠죠.

이런 의미에서 『전쟁과 북한 문학예술의 행방』은 전쟁을 감정적으로 회고하는 우리, 심지어 전쟁을 잊어가고 있는 우리에게 전쟁에 대한 새로운 시각을 제공해줍니다. 북한의 전쟁 기록, 혹은 전쟁 시기 문화예술을 읽음으로써 주관을 넘어 객관에 더 가까이 접근하는 것이지요. 한 마디로 북한의 시선으로, 평양의 시점으로 기록되고 재현된 전쟁을 남한의 연구자들이 자신들의 시선으로 재구성한 책이 바로 『전쟁과 북한 문학예술의 행방』입니다.

이 책은 남북문학예술연구회가 펴낸 '북한문학예술의 지형도' 시리즈의 다섯 번째 책입니다. 어느덧 다섯 번째 책이 되었지만, 여기까지 오는 것이 쉬운 일은 아니었습니다. 모두 아시다시피, 1980년대 이전까지 북한은 학(學), 지식의 대상이 아니라 타도와 극복의 대상으로 여겨지곤 했습니다. 특히 문학과 예술은 북한 정권의 프로파간다로 여겨져서 접근이 아예 금지되었죠. 북한을 연구해야겠다는 이들이 많아진 것은 북한의 문학과 예술 작품들이 해금된 1988년 이후입니다. 하지만 그 이후에도 북한 문학예술 연구는 우리 학계의 주변부에 불과했습니다. 이런 주변성을 극복하고자 모인

북한대학원대학교
역사책방
책방이음

〈3대 세습과 청년 지도자의 발걸음〉

1월 30일 수요일 19:30
오태호 (경희대)
이지순 (통일연구원)

지금, 여기
남북의 마음 알기

〈전쟁과 북한 문학예술의 행방〉

2월 14일 목요일 19:30
유임하 (한국체대)
김은정 (한국외대)
김민선 (동국대)

저자와
함께 하는
북토크

〈전후 북한 문학예술의
미적토대와 문화적 재편〉

2월 26일 화요일 19:30
홍지석 (단국대)
김태경 (북한대학원대학교)

이들이 바로 남북문학예술연구회입니다. 남북 관계가 악화되었던 시간 동안 이 연구회는 북한 연구의 주변성을 더욱 뼈저리게 경험할 수밖에 없었다고 합니다. 그러던 중 남북문학예술연구회는 휴전 65년(2018년)을 맞이하여 한국 전쟁, 그리고 전전과 전후의 북한의 문학과 예술을 재조명하고자 『전쟁과 북한 문학예술의 행방』을 출간했습니다. 마침 2018년은 4.27 판문점 남북 정상 회담이 개최된 해였죠.

남북 관계의 새로운 국면을 맞아 북한의 문학과 예술을 연구하는 이들이 지난 65년간 남한에서는 제대로 조명받지 못했고, 북한에서조차 지워지고 잊힌 1940~1950년대 북한의 문학 작품, 문인, 선전 예술 등을 발굴하여 연구·분석한 책인 『전쟁과 북한 문학예술의 행방』을 출간하기에 이른 것입니다.

이렇게 지난 냉전 시기 동안 남북한 모두로부터 잊힌 대상을 연구·서술했다는 점에서 이 책은 '냉전의 고고학'이라고 부를 수 있을 것입니다. 고고학이라는 분야가 원래 역사에 객관성을 부여하는 학문입니다. 역사는 흔히 승자의 기록이라고 하죠. 다시 말해 누군가의 정치적 목적을 위해 왜곡될 가능성이 큰 게 역사 기록, 역사 서술입니다. 이렇게 문헌으로만 남아 있는 역사적 기록을 유적과 유물의 발굴을 통해 객관적으로 검증하는 학문이 고고학입니다. 『전쟁과 북한 문학예술의 행방』이 새롭게 발굴하는 유적은 북한의 문예지들입니다. 그리고 새로이 발견한 유물은 북한의 '삐라'와 '화선음악'火線音樂 등입니다.

냉전 시기 동안 『조쏘문화』, 『문화전선』, 『문화예술』, 『조선문화』 등과 같은 북한의 문예 잡지들은 남한에서는 금지되었거나 망각된 텍스트들이었고, 이들 잡지에 글을 실었던 작가들은 잊힌 존재들이었죠. 이들 중 몇몇은 심지어 북한에서도 지워진 존재들이었습니다. 『전쟁과 북한 문학예술의 행방』은 이들 작가와 텍스트들을 재조명한 작업입니다. 나아가 이 책은 잡지 속에 수록된 시, 소설, 종군 실기 문학 등에서 다룬 미군 폭격과 세균전에 대한 논의, 전쟁 시기에 연주되었던 '화선음악', 그리고 북미 간에 살포되었던 '삐라' 등을 발굴해 한국 전쟁 모습을 재구성합니다.

이 책은 총론을 비롯해 1부와 2부, 총 세 개의 부분으로 구성돼 있습니다. 총론은 성균관대학교의 김성수 선생님이 썼으며 제목은 「전쟁기 문예미디어 『문학예술』(1948.4-1953.9)의 문화정치학」입니다. 1부는 「전쟁의 공포와 전위로서의 문학예술」이라는 제목으로 미군 폭격과 삐라의 선전선동, 신문 미디어에 나타난 문화공작대의 활동, 세균전과 화선음악 공연에 이르는

다양한 전쟁의 모습을 보여 주고 있습니다. 한편 2부는
「전쟁과 문학예술의 평화적 전유」인데요, 여기에서 저
자들은 전쟁 시기 북한 문학예술에 대한 다양한 해석
을 제공하고 있습니다.

　책을 좀 더 자세히 들여다보면, 총론은 책의 전체적
인 출판 의도를 드러내 주는 글입니다. 남쪽의 우리가
가진 북한 문학에 대한 선입견이라 하면 북한 문학이
정권에 의해 철저하게 통제되는 선전 문학이라는 거
죠. 하지만 이 책의 총론「전쟁기 문예미디어『문학예
술』(1948.4-1953.9)의 문화정치학」은 우리의 선입견을
깨는 신선한 주장을 하고 있습니다. 북한의 문예지『문
학예술』을 분석해 전쟁기 북한 문학에는 '선전선동성'
과 '예술성'이라는 문학에 대한 두 가지 상이한 태도가
대립하고 있었음을 보여 준 겁니다.

　자본주의 세계에서 문학이란 기본적으로 예술을 위
한 예술art for art's sake입니다. 반면 사회주의 세계의 문
학은 정치적 목적을 위한 예술art for political purposes로
인식되곤 하죠. 그런데 사실 자본주의 세계에서도 정
치적 목적을 위한 예술은 존재합니다. 순수 문학, 정치
문학이 뒤섞여 자본주의 문학 특유의 다양성을 만들
어 내는 거죠. 그런데 이 책의 총론「전쟁기 문예미디
어『문학예술』(1948.4-1953.9)의 문화정치학」의 저자

김성수 선생님은 사회주의 북한에서도 이런 문학의 다양성을 찾아볼 수 있다고 말합니다. 오늘날 우리가 왜 북한 문학의 다양성을 찾아볼 수 없는가 하면, 남북한 모두에서 이 다양성이 망각되고 지워졌기 때문이라는 거죠. 북한에도 선전 문학과 순수 문학의 이념이 공존하던 시기가 있었다니! 게다가 전쟁 시기에 이런 다양성이 존재했다니 매우 놀라운 일이죠. 저자는 『문학예술』이 발간되던 5년 동안 3개의 층위가 존재했다고 주장합니다. 구체적으로 인물의 이름을 나열해 보자면, 제1기(1948.4.~1950.7.)에는 북문예총 기관지로서 소련파 정률과 프로문맹 출신 안함광이 주도하며 선전지적인 성향이 강했습니다. 제2기(1951.4.~1952.11.)에는 임화, 이태준, 김남천 등 조선문학가동맹 출신 남로당계 문인 예술가들이 남북 연합 대회를 여는 등 헤게모니를 장악하는 한편, 전쟁기 문예총 시절에는 김조규 주필을 중심으로 선전지적 성향과 문예지적 성향의 균형을 맞추려 했다고 합니다. 이후 제3기(1952.12.~1953.9.)에는 임화 등 남로당계가 헤게모니를 잃어가면서 다시 선전지적 성향이 강해졌다고 합니다.[*]

* 1946년 3월 25일 평양에서 결성된 북조선예술총동맹이 모태

이렇게 다양하고 치열했던 논의가 제3기 이후에는 김일성 중심의 수령론, 김정일이 주도한 주체문예론에 의해 획일화되어 버렸던 거죠. 저자 김성수 선생님은 1, 2, 3기에 걸친 변화 과정을 통해 소실돼 버린 북한의 문화 유산, 문학 자산을 발굴·복원하려고 합니다. 다분히 고고학적인 시도이죠. 저자는 『문학예술』을 읽으며 임화, 김남천, 이태준, 김순석 등 남북의 공식 문학사에서 소거된 문인들의 작품들을 재조명합니다. 남한에서는 사회주의 문학이라고, 북한에서는 수령론과 주체문예론에 맞지 않는다고 판단하여 철저하게 배제되고 사라

가 되어 같은 해 10월 북조선문학예술총동맹이 결성됩니다. 평양을 중심으로 삼팔선 이북의 문학·예술가들이 거의 모두 참여한 조직이었습니다. 이 조직에는 서울에서 조직되었던 조선프롤레타리아문학동맹(프로문맹) 출신의 이기영, 한설야, 안함광 같은 문인부터 소련군을 따라서 함께 귀국한 소련계 한인 정률 등 다양한 사람들이 참여합니다. 그런데 1946년 2월 8일 서울에서 결성된 조선문학가동맹 소속의 문학·예술가들이 미군정의 탄압을 피해 월북하면서 평양에서 문학예술계의 주도권 다툼이 발생합니다. 이때가 한창 전쟁 중이던 1951년이었습니다. 당시 북한 문학예술계는 조선문학가동맹 출신 작가들을 흡수하면서 북조선문학예술총동맹을 조선문학예술총동맹으로 확대 개편합니다. 1953년에 이르면, 서울에서 월북한 남로당 계열 작가들, 즉 임화, 이태준, 김남천 등은 모두 숙청됩니다. 평양 중심의 이데올로기 색채가 강한 북조선문학예술총동맹 출신의 문학예술가들이 주도권을 잡게 되는 것이지요.

북토크에 참여한 남북문학예술연구회 회원들

진 남북한 모두의 문학 유산인 것이죠.

이 책은 총론 이후 10편의 논문으로 구성돼 있습니다. 이 중 앞의 다섯 편은 1부로서 미군 폭격과 전쟁기 삐라와 선전선동 사업, 북한의 화선음악, 그리고 세균전 담론을 다루고 있고요. 뒤의 다섯 편은 2부로서 북한의 해방 기념 시집『평화의 초소에서』, 안룡만의 시『나의 따발총』같은 북한의 시 문학을 분석하고, 종군실기 문학, 분단 초기 소설 등을 해석하는 한편, 전쟁기 북한 소설의 서울과 평양의 도시 이미지를 비교하는 등 분단 초기부터 전쟁 시기까지의 북한 문학을 새롭게 읽어 내려 하고 있습니다.

고대 로마 시대에는 '담나티오 메모리아이'damnatio memoriae라는 관습이 있었습니다. 직역하면 기억의 저주라고 할 수 있을 텐데요. 황제가 반역자나 자신의 정적政敵에 대한 기록이나 묘사를 역사서나 그림 등에서 완전히 지워 버리는 행위를 가리키는 말입니다. 가령 3세기 초 로마 황제 카라칼라Caracalla는 제위를 독점하기 위해 동생인 게타Geta를 살해합니다. 그러고는 황실의 가족 초상화에서 자기 동생의 얼굴을 지워 버립니다. 황제의 권위로 한 인물, 즉 자기 동생에 대한 모든 기억을 지울 것을 명령한 것이죠. 굳이 로마 시대의 관행을 언급한 이유는 이러한 담나티오 메모리아이가 사회주의 국가에서도 횡행했다는 점을 말하고 싶어서입니다. 예를 들어, 소련의 내무인민위원장으로 악명을 쌓았던 니콜라이 예조프Nikolai Yezhov는 스탈린에 의해 숙청당하고 결국 비참하게 처형을 당하는데요. 이후 예조프의 죽음은 비밀에 부쳐지고, 스탈린과 함께 모스크바 운하 주변을 거니는 모습이 찍힌 사진에서 그의 모습은 감쪽같이 사라져 버립니다. 담나티오 메모리아이를 당한 것이죠. 그렇다면 북한은 어땠을까요?

『전쟁과 북한 문학예술의 행방』의 총론에서도 언급돼 있다시피 임화, 이태준, 김남천 등 조선문학가동맹 출신 남로당계 문인 예술가들은 기억의 저주를 당했습니다. 공식 기록에서 사라져 버린 거죠. 새삼 권력이란 잔인한 것이라는 생각이 듭니다. 특히 권위주의 체제의 권력이란 한 사람 혹은 일군의 기록을 완전히 지워 버릴 정도로 잔인하죠. 이런 의미에서 『전쟁과 북한 문학예술의 행방』이 행방불명된 북한의 문인과 문학예술 작품의 행방을 찾는 것은 단순히 북한 문학, 예술 작품을 발굴·소개하는 데 그치는 것이 아니라, 전쟁·냉전 시대 국가 권력의 폭력성에 대한 비판을 담고 있기도 한 것입니다.

─────────────────────────────────────── 책 갈 피

북한 체제에서 '한국 전쟁'은 '남한 체제의 북침에 대한 반침략 전쟁'이자 '조국의 완전한 해방'을 의미한다. 1953년 7월 27일을 남한에서는 '휴전'으로 정의 내리는 데 반해 북한에서는 '전승일'로 명명한다. 북한 사회의 관점은 여전히 그리고 너무나 낯설다. 이 책은 북한 사회가 한국 전쟁을 어떠한 관점을 보았는가에 대한 다양한 연구를 모아 놓은 책이다.

연구자들의 다양한 관심만큼이나 책에 수록한 글들은 미디어의 문화정치학, 미군 폭격, 삐라, 문화공작대 활동, 세균전, 화선음악 등등의 여러 분야와 시집과 소설 문학, 종군 실기 문학, 소설

속 전쟁 서사, 소설 속 서울·평양 이미지, 소설 문제작에 대한 상찬과 비판, 포섭과 배제 등 작품 분석과 해석, 서지학적 논의 해석 추이 과정 추적 등의 방법론이 구사되고 있다. 이 다채로운 관심사들이야말로 지금 북한 문학예술을 연구하는 최전선에 해당한다.

북토크 열어보기

책에 대해 조금 더 자세한 이야기를 듣고 싶어 2019년 2월 14일에 북토크를 진행하게 되었습니다. 장소는 대학로 책방이음이었고, 참가자는 남북문학예술연구회의 회원들과 책방이음 식구들, 그리고 북한대학원대학교 남북한마음통합연구센터의 연구원들이었습니다. 이 자리에서 『전쟁과 북한 문학예술의 행방』의 저자들과 함께 한국전쟁과 북한의 문학예술에 대한 깊이 있는 이야기를 나눌 수 있었습니다.

이날 북토크에는 저자 가운데 한국체육대학교의 유임하 선생님, 한국외국어대학교의 김은정 선생님, 그리고 (북토크가 열리던 당시에는 아직 학위 과정 중에 있었습니다만) 동국대학교에서 북한 SF에 대한 논문으로 최근 박사학위를 받은 김민선 선생님이 발표자로 나와 책의 내용과 그 뒷이야기를 들려주었습니다.

앞에서 이 책을 '냉전의 고고학'이라고 했습니다만, 이날 북토크에서는 그동안 남한에서 금기시됐던 이야기들이 많이 나왔습니다. 이데올로기의 단층 속에 묻혀있던 미군의 폭격이나 북미가 서로의 영토에 뿌려댔던 삐라, 심지어 세균전 의혹까지 다양한 문제가 제기되었습니다.

이날 북토크에서 가장 충격적이었던 것은 아무래도 김은정 선생님의 폭격과 삐라에 대한 발표와 김민선 선생님의 세균전에 대한 발표였다고 할 수 있습니다. 하지만 그 전에 유임하 선생님이 행사의 사회를 맡아서 『전쟁과 북한 문학예술의 행방』의 전체적인 주제의식과 각 장에 대해서 균형감 있게 설명해 주기도 하셨습니다.

유임하 선생님은 우선 감정의 문제에 대해서 지적했습니다. 남북이 상대방에 대해 적대감, 막연한 공포 같은 것을 갖고 있어서 대화를 가로막았다는 거죠. 이것은 서로를 죽여야만 했던 전쟁의 경험과도 관계가 있을 것입니다. 일단 전쟁의 명칭부터 문제가 되었습니다. 북한에서는 한국전쟁을 북침에 대한 반공격이라 주장하고, 조국해방전쟁 또는 국토완정이라고 부르죠. 남한의 우리가 생각하는 전쟁과는 아주 다른 것입니다. 남한의 전쟁 명칭도 문제가 있긴 마찬가지입니다.

발표와 토론에 참여한 유임하 한국체육대 교수, 김은정 한국외대 교수, 김민선 가천대 강사

6.25라는 명칭은 실제로 전쟁 발발에 대한 책임을 묻는 것이라서 굉장히 반공적이며 공격적이라는 게 유임하 선생님의 생각이었습니다. 어쨌든 적어도 남한에서는 한국전쟁에 대한 논의가 계속 발전해 왔습니다. 1980 년대까지는 한국전쟁이 남침으로 시작된 전통적인 전쟁이었다는 관점이 앞섰다면, 브루스 커밍스의 『한국 전쟁의 기원』The Origin of Korean War 이후부터는 6월 25 일 이전부터 이어진 국지전·내전의 결과가 한국전쟁

이라는 수정주의적 관점이 주목을 받았죠. 물론 그 이후에는 또 북한에 의한 남침이 입증되면서 재수정주의적인 관점이 우세해지긴 합니다.

그렇다면 북한에서의 전쟁에 대한 인식은 어땠을까요? 이 책이 다루고 있는 문제가 바로 이런 문제입니다. 북한에서는 어떻게 전쟁을 사유하고 있는가? 그리고 실제로 1950년대 북한 주민들은 어떻게 전쟁을 인식하고 있었는가? 무엇보다도 이 책은 북한의 문학과 예술은 전쟁에 어떻게 반응하고 전쟁을 어떻게 재현했는지를 다룹니다. 따라서 남북문학예술연구회는 1948년부터 1953년까지 전쟁 전후의 문학예술에 대한 윤곽들을 살피고 북한에 대한 인식을 넓히고 심화시킴으로써 향후 저자들의 연구가 어떤 가교적 역할을 할 수 있지 않을까 해서 『전쟁과 북한 문학예술의 행방』을 쓰게 된 것입니다.

유임하 선생님에 이어 이야기를 해 주신 김은정 선생님은 원래 북한의 대표적 작가 중 하나인 천세봉에 대한 박사 논문을 썼습니다. 그런데 그의 작품 곳곳에 폭격에 대한 트라우마가 표현되어 있다고 합니다. 폭격으로 가족을 잃는 인물이 자주 등장하는 것이죠. 사실 천세봉의 작품만 아니라 1950년대부터 1990년대까지 북한에서 한국전쟁을 다룬 작품에는 거의 폭격에 대한 트라우마가 묘사됩니다. 이는 역사적인 근거가 있는 것입니다. 실제로 20세기에 미군은 질식 작전이라는 전략을 전쟁에서 자주 사용하는데, 적이 전진을 하도록 유인한 다음 포위를 해서 집중 폭격으로 적을 섬멸하는 거예요. 그런데 폭격의 문제는 피해가 무차별적이라는 것입니다. 폭격은 민간인 피해가 많이 발생할 수밖에 없어요. 한국전쟁의 경우, 남한은 사망자의 50%가 민간인입니다. 그런데 북한은 사망자의 80%가 민간인입니다. 꽤 큰 차이인데요. 어쨌든 폭격에 의해 많은 민간인이 희생당한 겁니다.

김은정 선생님에 따르면 폭격의 엄청난 위력에 비해 북한 문학에 드러난 북한군의 대응 방식은 상당히 원시적이라고 합니다. 총을 쏴서 비행기를 떨어뜨린다는 식이지요. 그런데 여기에서 김은정 선생님은 지난 30년간의 북핵으로 인한 긴장과 반복되는 위기가 폭격 트라우마와 관련이 있다고 말합니다. 폭격 트라우마 때문에 다시는 전쟁을 겪지 않겠다는 맹세가 김일성 저작 선집에서는 핵개발에 대한 의지로 드러나기도 하거든요.

여기에 유임하 선생님은 북한 사람들의 전쟁, 특히 폭격에 대한 감정에 대해 다시 한번 언급합니다. 한국전쟁에 대한 기록을 보면 미군은 2차 세계대전에서 사용했던 양보다 한국전쟁에서 1.5배나 더 많은 양의 폭탄을 사용하거든요. 이로 인해 한반도는 거의 초토화될 정도였다고 합니다. 그래서 유임하 선생님과 김은정 선생님을 포함한 『전쟁과 북한 문학예술의 행방』의 저자들은 이 책을 통해 독자들이 북한 인민들이 겪었던 수난과 고초, 공포를 함께 생각해 보았으면 좋겠다는 소망을 피력했습니다.

이어 김은정 선생님은 전쟁 시기 삐라에 대해서도 이야기했습니다. 여기에서 흥미로운 부분은 중국, 한국, 북한, 미국의 삐라가 다 다르다는 것이었습니다. 특히 미국과 북한의 경우가 대조적인데, 미국은 대량 제작·대량 살포 방식을 선호하는 반면, 북한은 소량이지만 다양한 종류의 삐라를 제작했다고 합니다. 또 북한은 중국군이 만든 삐라를 한국어로 번역해서 살포하기도 했습니다. 양적으로 보면 한국전쟁 당시 뿌려진 삐라 28만 장 중 미국이 살포한 삐라가 25만 장이고 북한이 뿌린 삐라가 3만 장이라고 합니다.

미군의 삐라는 심리전의 주요한 방식으로 사용되었습니다. 미군은 주제 의식과 메시지에 따라 삐라에 작전명을 부여하고, 대상과 제작 부처별로 일련번호를 부여하는 등 체계적인 심리전을 펼쳤다고 합니다. 이러한 삐라들은 공포심 유발 및 전의 상실, 향수 자극,

귀순 권유, 북한·중국 군대와 주민 사이의 대립 조장 등 주로 감정적인 내용을 다루고 있었습니다. 이에 반해, 북한은 삐라에서 소설적 상상력이 보인다고 합니다. 문인들이 삐라 제작에 참여했나 의심될 정도로 수사修辭의 질이 더 뛰어나다고 합니다. 북한의 경우 각 사단에 선전선동조가 8명 정도 있었는데, 그들은 사단이 망가지면 중대로 내려가고 나중에 4~5명이 남으면 그중에 최소 한 명이 삐라를 만듭니다. 미국의 경우엔 물량을 많이 뽑을 수 있으니까 사진 같은 것도 많이 활용하는데, 북한은 자원이 한정돼 있으니 소량으로 더 질 높은 삐라를 만들어 내려고 했습니다. 일상생활, 영웅들의 모습 등을 문학적인 상상력을 가지고 풍성하게 글로 묘사한 겁니다.

김은정 선생님의 발표 후에는 세균전에 대한 논의와 논쟁이 이어졌습니다. 브루스 커밍스와 존 할리데이가 함께 쓴 『한국전쟁의 전개과정』*Korea: the Unknown War*에서 잠깐 언급되었을 뿐 세균전에 관한 이야기는 그동안 철저히 금기시되어 왔습니다. 그래서 동국대학교 김민선 선생님의 발표는 많은 주목을 받았습니다.

하지만 김민선 선생님은 매우 신중한 태도를 견지했습니다. 세균전의 여부가 아닌, 세균전이 문학적으로 어떻게 이야기될 수 있는지가 연구 목적이었다는 것입니다. 심증은 있고 물증은 없는 상태에서 세균전에 대한 의혹과 논란이 남한에서 어떻게 서사화되고 변형되었는지도 논의하고 싶었다고 했습니다.

한국전쟁기의 세균전 논쟁은 세균을 살상 무기화할 수 있다는 끔찍한 상상이 문자화되고 구체화된 충격적인 사건이었습니다. 또 한반도가 생화학 무기의 위협을 받고 있다는 불안의 시발점이기도 했습니다. 한국전쟁기에 세균전이 있었는지는 여전히 논쟁거리입니다. 세균전을 공산 측의 날조라고 지적하는 측에서는 1951년 말부터 1952년 초까지 북한 지역에 만연했던 전염병이 세균전으로 오인되거나 조작된 것이라고 주장합니다. 사실 세균전의 존재 여부와 피해 규모를 밝혀내기 위해서는 역학 조사를 비롯한 복합적이고 전면적인 조사가 필요합니다. 관련 자료가 희소한 상황에서 김민선 선생님은 조정래의 『태백산맥』의 「재귀열이라는 전염병」이라는 장과 같이 세균전의 피해 양상이 드러난 작품들을 분석하며 그 문화적·역사적 함의를 살펴보고자 했던 것입니다.

북토크 파고들기

Q. 세균전에 대한 이야기가 흥미로웠습니다. 신천 학살 사

건을 주제로 한 텍스트에는 세균전에 대한 이야기가 없나요?

신천 학살은 세균전은 아니었습니다. 세균전이라고 하면 주로 미군과 관련된 문제죠. 그런데 신천 학살에 대한 자료나 서적들을 보면 북한 정권의 주장과는 달리 미군들의 문제가 아니었습니다. 남한군이 북진하거나 북한군이 남하할 때 발생한 문제였습니다. 잠시 국군의 치하에 있을 때 치안대들이 엄청나게 많은 수의 좌익을 학살하고 내려간 다음, 인민군의 치하에 있을 때는 반대로 우익에 부역했던 사람들이 학살되었죠. 이런 식으로 신천 군민들 중 거의 3분의 1 정도가 학살을 당합니다. 서로서로 죽인 거예요. 그런데 그것을 미군이 한 것으로 조작한 뒤 덮어 버린 거죠. 미군에 대한 적개심을 불러일으키기 위해서 미군이 학살을 저지른 것으로 조작한 것이지, 학살이 세균전에 의한 것은 전혀 아닙니다.

Q. 『전쟁과 북한 문학예술의 행방』에는 화선음악에 대한 논문도 수록되어 있습니다. 논문의 저자 배인교 선생님께서 화선음악에 관해 설명해 주시면 감사하겠습니다.

화선음악의 화선火線이란 최전선을 의미합니다. 1950년대에는 화선예술이란 이름으로, 1990년대에는 화선음악이라는 명칭으로 이 '화선' 음악 예술이 강조됩니다. 1950년대에 왜 화선음악이 중요했냐 하면, 인민들의 선전·선동, 병사들의 사기 진작을 위해서입니다. 전쟁 당시 북한은 전쟁을 정당화하기 위해 악보를 만들어서 남로당과 북로당에 전부 배포했습니다. 그래서 남한에서 나오는 남로당 인민가요집과 북한에서 나오는 북로당 인민가요집 두 개를 비교할 수 있었습니다. 이 노래들은 실제 전쟁에서 불리었는데 그 방식은 두 가지였습니다. 첫째, 파견된 예술인들이 전쟁 노래를 불렀습니다. 이들은 4~5명 정도의 소규모 예술단들인데요. 이들이 전선에서 노래를 부르고 빠지면, 그것을 배운 병사들이 군중 음악처럼 대규모로 부릅니다. 이것이 두 번째 방식이죠. 이 화선예술은 1990년대에 다시 주목받습니다. 1950년대 화선에서 인민군들이 어떻게 했는가를 서사적으로 재생산한 거죠. 이때에는 악기와 노래도 많아지고 활동도 많아집니다. 김정은 시대에도 화선음악은 강조되죠. 예를 들어 모란봉 악단이 2012년 말에 화선 공연을 했습니다. 삼지연에 가서 음악을 연주하고 김정일의 어머니였던 김정숙이 입었던 군복이라는 것도 입고 공연을 합니다. 핵개발을 계속하면서 '우리는 여전히 전쟁 중이다', '국토 전역이 화선이다'라고 주장하기 위해 화선음악을 표방한 것이죠.

Q. 미국은 일본에서 삐라를 출판했습니다만, 북한은 전쟁기에 인쇄가 불가능했을 텐데 어디에서 삐라를 인쇄를 한 것인가요? 저는 만주와 일본이라고 봅니다만 저자의 견해는 어떤 것인지 여쭤 보고 싶습니다. 특히 북한이 삐라 인쇄를 큰 규모로 할 때는 어떠했는지 궁금합니다. 덧붙여 종이의 질은 어떠했는지도 궁금합니다.

큰 규모의 삐라 인쇄는 전쟁 초기에 이미 불가능해져 버립니다. 미국은 25만 장, 북한은 3만 장의 삐라를 살포했다고 했는데, 북한의 경우 삐라를 달구지로 옮겨야 했을 정도로 상황이 열악했습니다. 미국의 정밀 폭격으로 철도가 전부 다 파괴되어 버린 것이죠. 북한은 종이를 구하기 힘들었어요. 종이는 그냥 현지 조달로 해결하고, 대신 삐라의 제작은 상당한 수의 화가들이 참여했습니다. 종이의 질에 대해 말하자면, 재활용했던 것 같아요. 북한 소설에도 자주 나오는데, 아이들이 공부하고 싶어도 종이가 없습니다. 그러면 어떻게 할까요? 미국에서 뿌린 삐라를 물에 담급니다. 그렇게 잉크와 물감을 뺀 다음 그것을 노트 삼아 공부를 하고 도화지 삼아 그림도 그립니다. 삐라 제작도 아마 그런 식으로 진행됐을 겁니다.

더 알아보기

한국전쟁에 대한 역사적 연구물들을 함께 읽는다면, 북한의 한국전쟁 재현과 묘사에 대한 『전쟁과 북한 문학예술의 행방』이 더 재미있게 읽힐 것입니다.

김동춘, 『전쟁과 사회: 우리에게 한국전쟁은 무엇이었나?』, 서울: 돌베개, 2000.

박명림, 『한국전쟁의 발발과 기원 1: 결정과 발발』, 서울: 나남출판, 1996.

박명림, 『한국전쟁의 발발과 기원 2: 원인과 기원』, 서울: 나남출판, 1996.

박태균, 『한국전쟁』, 서울: 책과함께, 2005.

브루스 커밍스, 『브루스 커밍스의 한국전쟁: 전쟁의 기억과 분단의 미래』, 조행복 역, 서울: 현실문화, 2017.

역사문제연구소 편, 『한국전쟁에 대한 11가지 시선: 한국, 동서독, 프랑스, 폴란드, 헝가리…』, 서울: 역사비평사, 2010.

와다 하루키, 『한국전쟁』, 서동만 역, 서울: 창작과 비평사, 1999.

'주체' 이전의 다양한 얼굴들

남북문학예술연구회 편
『전후 북한 문학예술의 미적 토대와 문화적 재편』
서울: 역락, 2018

일정	2019년 2월 26일 화요일
장소	책방이음
발표와 토론	홍지석(단국대), 김성수(성균관대),
	김태경(북한대학원대)
읽고 정리	김태경

북토크 책 소개

『전후 북한 문학예술의 미적 토대와 문화적 재편』은 남북한 문학예술을 공부하는 국내외 연구자들의 모임인 '남북문학예술연구회'가 펴낸 '북한문학예술의 지형도' 시리즈 6권에 해당하는 책입니다. 앞선 북토크에서 소개한 4, 5권이 각각 김정은 시대의 북한과 한국전쟁기 북한을 다뤘다면, 6권에서는 전후 북한의 복구 건설, 사회주의 건설 기간에 해당하는 1950~1960년대를 다루고 있어요. 책은 1950~1960년대 전후 북한 사회의 건설기에 북한의 문화를 채워 넣는 문학예술계에서는 과연 어떤 복구, 건설이 일어났는가를 문학, 음악, 미술, 미학 담론 등에서 일어난 다양한 논쟁과 창작을 통해 보여 줍니다. 문학예술계를 아우르는 당시 북한의 사회주의 문학예술에 대한 고민을 당대 여러 논쟁을 통해 보여 주는가 하면, 소설의 경우 세부 장르로

아동 문학, SF 문학 등을 다뤄 흥미를 더합니다. 주제적으로는 전후 북한 문예계에서 자신들의 고전, 정전 만들기 작업을 어떻게 진행했는지, 여성 문제와 관련해 어떤 작품들이 존재했는지, 사회주의 국가 간 우호 친선이 어떻게 그려졌는지, 공산주의라는 유토피아를 어떻게 설정하고 재현했는지 등 사회주의 체제 만들기와 관련된 당시 사회의 고민들을 다양하게 드러냅니다. 문학만이 아니라 음악, 미술계를 포괄하는 폭넓은 사회주의 미학 논쟁이었던 교조주의, 수정주의 논쟁을 다루고 세부적으로 예를 들어 음악계의 탁성('쐑소리') 논쟁들을 소개하는 등 당시 북한에서 사회주의 예술이란 어떤 것이었는지를 가늠하게 합니다.

수록된 12편의 글은 총론에 해당하는 「매체론적 관점과 1950년대 북한문학」을 시작으로 한국의 독자들에게 아직 낯선 북한 문학예술에 대해 보다 입체적인 분석, 역사적인 접근을 추구하고 있습니다. 남북문학예술연구회 공통의 고민은 총론에서 지적하듯 1950년대 전후 북한 문학이 갖는 특징, 즉 소위 '주체' 체계가 확립되기 이전에 다양한 논쟁의 공간이 살아 있었던 점을 제대로 이해할 필요가 있다는 것, 또 그러한 다양성을 어떻게 접근할 것인가에 대한 고민이 필요하다는 것입니다.

북한대학원대학교
역사책빙
책빙이음

지금, 여기
남북의 마음 알기

저자와
함께 하는
북토크

〈3대 세습과 청년 지도자의 발걸음〉

1월 30일 수요일 19:30
오태호 (경희대)
이지순 (통일연구원)

〈전쟁과 북한 문학예술의 행방〉

2월 14일 목요일 19:30
유임하 (한국체대)
김은정 (한국외대)
김민선 (동국대)

〈전후 북한 문학예술의
미적토대와 문화적 재편〉

2월 26일 화요일 19:30
홍지석 (단국대)
김태경 (북한대학원대학교)

 이음

우선 첫 번째 문제는 우리가 북한 사회를 이해할 때 바로 떠올리게 되는 주체, 사회와 국가가 구별되지 않는 당-국가, 전체주의 같은 이미지와 달리, 실제로 존재했고 존재하는 북한 사회에 다가가는 데는, 특히 전후 사회주의 건설기에 존재했던 여러 경로의 가능성을 상기할 필요가 있다는 것입니다. 이 부분은 북토크에서도 중요한 쟁점이 되었습니다. 저자들은 지금의 북한 사회에서는 침묵되어 잊혔고 한국 역시 잘 모르고 있지만, 북한 문학예술계의 '주체'로 포괄되지 않는 전후 다양한 논쟁의 공간에 살아 있었던 활발한 고민·시도·경쟁 등을 복원해 그들에게 목소리를 전해 주는 것이 무엇보다 중요하다고 입을 모읍니다. 그것은 그 자체로 배제되고 잊힌 문학예술사의 인물들에게 이름을 찾아 주는 의미를 가집니다. 뿐만 아니라 이들을 남과 북을 아우르는 공통의 문화적 자산으로 인정함으로써 남북 화해, 한반도 평화와 통합을 위한 앞으로의 새로운 상상을 이끄는 데 이바지할 수 있습니다. 잊힌 기억들이 왜 잊혀야 했는지, 분단되고 75년이 되도록 남북 어디서도 왜 기억하지 않았는지, 그 이유에 다가가는 것은 분단을 넘어서 새로운 평화를 조성하는 데 있어 지금까지 가지 않은 길로서 상상을 자극합니다.

　두 번째 문제는 이러한 전후 북한 문예계의 다양성

을 어떻게 접근할 것인가에 대한 진지한 고민입니다. 그 대안으로 글쓴이들은 '매체론적 관점'을 제안합니다. 책의 총론에 대표적으로 서술된 '매체론적 관점'이란, 당시 문학예술계의 창작 담론과 비평 담론을 주도했고 독자들이나 북한 주민들과의 소통을 통해 '사회주의 문화'를 만들어 낸 매체, 특히 당시 주요 잡지 등의 편집 주체, 의도, 방식 등의 변화들을 추적하는 것입니다. 당시의 역사적 맥락을 복원하는 데 있어 당대 주요 잡지들의 향방을 밝히는 것은, 예를 들어 '주체' 시대에 와서는 숙청되고 잊힌 작가와 작품을 발견하게 만드는가 하면 문예계 내 정치와 관련된 재편이 어떤 맥락에서 이뤄졌는지를 세세하게 들여다볼 기회를 줍니다. 특정 주제 창작들이 연재되다가 끊긴다든지, 특정 비평·논쟁 들을 장려하거나 억압하는 편집이 이뤄지고 있다는지, 편집 후기를 통해 새로운 편집 의도나 내용의 변이가 등장한다든지, 혹은 이어져 오던 잡지 자체가 정간, 폐간된 것을 확인하면서 당시 북한 문학예술계가 어떤 공간이었는지에 다가설 수 있는 것입니다. 반드시 잡지에 관한 연구가 아니더라도 당시 전후 북한 문예계의 다양성을 알리고자 하는 저자들의 노력은 당시 북한 문학계 최대 쟁점이었던 항일 무장 투쟁 전통 만들기와 관련한 역사적 고찰에서 잘 드러납니다. 또 그간 조명되지 않은 당시 북한의 SF 문학을 다루거나 아동 문학에 눈길을 돌리는 등 새로운 결의 주제를 다루는 데서도 잘 나타납니다.

우리가 이미 안다고 생각하는 북한은 실제 존재한 북한이 맞을까? '주체'의 북한 이전 혹은 '주체'가 아닌 북한의 다양한 얼굴은 무엇이었을까? 사실상 계속해서 탐색해야 하는 이러한 주제에 대한 새로운 시도로서 『전후 북한 문학예술의 미적 토대와 문화적 재편』은 우리에게 이에 대한 궁금증과 호기심을 자아냅니다.

책 갈 피

왜 1950년대 북한인가, 왜 전후 복구 건설과 사회주의 체제 건설기 북한 문학예술인가, 그리고 사회주의적 사실주의 미학인가? 한반도가 평화 체제로의 도정에 들어선 김정은 시대 문학예술의 근본적인 변화 가능성을, 북한 문예사상 가장 역동적인 논쟁 문화가 펼쳐졌던 1950년대 중후반 전후 시기에서 그 실마리를 찾기 위해서다. …… 이를 통해 2018년 김정은 시대 역동적 변화의 가능성이 북한 사회 내부에 오래 전부터 잠재되어 있었음을 확인할 수 있다고 잠정적 중간 결론을 내린다. 앞으로 다가올 평화 체제로의 도정에서 남북 문화 교류 협력이 구체화될 때를 대비해 제대로 된 역사주의적 전망을 할 필요가 있다.

북토크에 참여중인 남북문학예술연구회 회원들

북토크 열어보기

남북문학예술연구회 회원들과 대학로의 책방이음 식
구들, 그리고 북한대학원대학교 남북한마음통합연구
센터가 참여한 동네책방×북토크 여섯 번째 시간은 남
북문학예술연구회가 공저한『전후 북한 문학예술의
미적 토대와 문화적 재편』을 두고 저자 가운데 홍지석
선생님, 김성수 선생님과 함께 진행되었습니다. 토론

'주체' 이전의 다양한 얼굴들

에는 북한대학원대학교 남북한마음통합연구센터의 김태경 전임연구원이 참석했습니다. 여섯 번째 북토크는 한국전쟁이 끝나고 전후 복구 건설기 북한의 문학예술계 풍경을 다뤘습니다. 진행은 두 명의 저자가 책 전반을 나눠 설명하고 이어 토론자와 청중들과의 심화 토론으로 이뤄졌습니다.

여섯 번째 북토크는 당시의 역사적 맥락, 문학예술 담론들의 역사를 풍부하게 설명하면서 한국 독자들, 청중들에게 아직 많이 낯선 당시 북한 사회, 문화 내부의 다양한 얼굴을 들여다볼 기회를 제공했습니다. 북토크를 가로지르는 주제는 크게 두 가지였습니다. 하나는 전후 북한 문학예술계의 풍경은 어떠했는가? 특히 당시 작가, 예술가들이 참여한 그들의 사회주의 문화 만들기는 어떤 것이었나 하는 문제입니다. 다른 하나는 그 전후 북한 사회와 문화의 풍경이 현재의 한반도, 현재의 북한을 이해하는 데 어떤 의미가 있는가 하는 문제입니다. 이 주제들에 꼬리를 물고 새로운 질문과 대답들이 이어졌습니다.

우선 홍지석 선생님은 『전후 북한 문학예술의 미적 토대와 문화적 재편』을 소개하면서 한국전쟁 이후 북한 문학예술계가 어떤 맥락에서 어떤 문제의식을 느꼈던가를, 특히 당시 미학 논쟁을 통해 상세히 보여 주었습니다. 먼저 북한 문학예술계의 1950~1960년대와 관련해 크게 두 개의 번역문을 통해 당시 문예계가 작가의 지위와 역할을 두고 어떻게 고민했는가를 소개했습니다. 번역문은 북한의 문학예술 조직(공인된 하나의 단체) 조선문학예술총동맹 산하 조선작가동맹의 기관지인 『조선문학』에 실린 중국의 문예 평론 두 편입니다. 하나는 채의가 쓴 호풍에 대한 비평으로, 평론가 호풍이 1955년 중국 문예계에서 '수정주의'로 비판을 받았는데 이를 대표하는 비판의 내용이었습니다. 다른 하나는 1958년 주양의 평론으로 수정주의와 교조주의를 함께 비판하면서 무엇이 사회주의 리얼리즘을 구현한 창작인가 하는, 당시 모든 사회주의 문학예술계가 공유한 미학 논쟁에서 중국 문예계의 견해를 담았습니다.

　여기서 사회주의 외부에서는 다소 생소한 용어인 사회주의 리얼리즘을 잠시 소개하자면, 쉽게 말해 사회주의 문학예술계가 공유하는 창작의 원칙과 방법들의 체계를 말합니다. 창작의 원칙들에는 크게 문학예술에 대한 당의 지도를 우선시하는 당성, 인민들의 생활과 요구·지향을 문학예술에 담아야 한다는 인민성, 부르주아가 아닌 프롤레타리아 계급의 이해관계에 복무해야 한다는 계급성 등이 존재했습니다. 창작 방법과 관

『조선문학』표지

련해서는 사회주의 현실을 그대로 그려 낸다는 리얼리
즘을 채택하면서도 현실의 변화·발전이라는 '역사 법
칙'에 맞게 혁명적으로 낭만적으로 그려 낸다는 면에
서 독특한 특징을 가집니다. 따라서 사회주의 리얼리
즘의 창작들을 보면 치열한 갈등의 전개와 그 승리적
해결이라는 확정된 갈등 양식과 함께, 주인공으로는
승리자, 영웅의 전형들이 반드시 등장합니다.

한편 소련 및 동구권 사회주의 문예계에서 1953년
스탈린 사후 '해빙기', 즉 사회 문화 전반으로 기존의
도식주의, 획일성에 대한 비판, 과거사의 재평가 및 재
서사 흐름이 진행되었습니다. 1917년 혁명 이후 세워

진 소련의 사회주의가 양차 세계대전을 거쳐 세계적 냉전의 초입에 다다른 1950~1960년대, 소련 및 동구권 사회주의 문학예술계에서 전쟁, 숙청 등을 지나온 과거에 대한 반성과 보다 유연한 교육·문화 담론들이 출현했습니다. 반면 식민지 시기에 사회주의, 공산주의 운동을 경험했지만 해방 후 국가를 수립하고 전쟁을 겪고 사회주의 체제를 건설하기 시작한 중국이나 북한과 같은 동아시아 사회주의 국가들의 문예계 상황은 아주 달랐습니다. 이러한 배경에서 북한은 선진 사회주의 문예계의 논쟁들을 일정하게 수입하면서도 중국발 논의와 같은 그에 대한 반작용도 소개했고, 실제로 1950~1960년대 논쟁과 몇 번의 숙청 과정을 거쳐 1967년 소위 '주체' 체계를 확립하면서 더욱 확고한 위로부터의 단일한 이데올로기 체계를 형성합니다.

홍지석 선생님이 소개한 두 편의 중국 비평 번역은 앞서 지적한 동구권 사회주의 문예계에서 '해빙기'에 제기된 여러 '수정주의' 경향의 담론들, 즉 작가의 주관적 해석에 대한 새로운 강조, 창작적 자유의 일정한 허용, 전인류적 가치에 대한 옹호와 같은 논의들에 대한 반작용을 보여 줍니다. 흥미로운 것은 바로 이러한 번역문들의 존재가 당시 북한 문예계가 외부의 논의들을 어떻게 받아들이고 있었는지 그 맥락을 보여 준다는 사실입니다.

중요한 것은 당시 북한 문예계가 외부 문예계와 지속해서 소통, 교류하고 있었다는 점과 그 맥락에서 북한 내부 다양한 논쟁도 가능했다는 점입니다. 물론 논쟁 과정과 함께, 작가, 예술가들이 현실을 사회주의 리얼리즘의 방법으로 그리는 데 있어 더 많은 위로부터의 검열이 부과되는 압력도 정당화되었습니다. 한편으로 당시 '해빙기' 사회주의 리얼리즘에 대한 이완, 비판, 수정의 흐름도 제한적으로 수입되었지만, 중국의 논의들을 통해 수정주의를 비판하고 작가의 주관적 해석에 대한 계급성(계급 투쟁의 주제 의식 강조), 당성(예술이 당-국가에 복무할 책임 강조)의 우위를 재확인시킴으로써 문학예술계에서 창작의 범위가 제한되었습니다.

'주체'는 1967년 북한에서 '당의 유일 사상 체계'가 확립되면서 주체사상이라는 단일한 이념 체계 아래에 전 사회적인 사상, 정치, 경제, 군사적 운용이 짜이게 된 체제를 뜻합니다. 1958년 '사회주의적 개조', 즉 농업의 집단화 완료와 중공업 우선 경공업 동시 발전을 지향하는 공업화 노선 확립 이후, 1961년 북한식의 국가 사회주의 체제가 건설되었고 1967년에는 문화, 교육을 아우르는 사상 부문에서 '주체'의 이름으로 위로부터 단일한 체계가 확립되었습니다.

1950~1960년대 북한 연구의 의의는 무엇보다 이러한 '주체' 확립에 이르는 북한 사회주의 체제 형성의 전반을 이해함으로써, 다양한 논쟁과 실천의 결과로서 '주체'만이 아니라 사라진 대안·가능성까지 볼 수 있게 하는 데 있습니다. 역사적 과정에 대한 이해가 없다면 북한의 사회는 처음부터 지금까지 변함없는 단일한 단위처럼 보일 수 있습니다. 그러나 실제로 북한 사회는 단일한 총체로 보이는 체제를 구성하는 각 부문에서 이미 다양한 담론들의 갈등, 경합의 궤도를 거쳤고, 이러한 경쟁 구도에서 승자와 패자 들이 나왔습니다. 따라서 승자와 패자가 갈라지기 이전의 담론과 정책의 경쟁 과정을 추적할 때 비로소 1950~1960년대 사회주의 체제 건설을 둘러싼 북한 내 다양한 문제의식, 그에 대한 대안들이 어떤 것이었는지 이해하게 됩니다. 1950~1960년대 북한 문예계를 놓고 보면, 사회주의 건설이라는 매우 방대하고 유동적인 정의를 두고 자신을 '사회주의 리얼리스트'로 정의한 당시 북한 작가, 예술가들이 시도한 다양한 형태의 사회주의 리얼리즘을 생각할 수 있고, 특히 '주체'의 확립 과정에 침묵되고 잊힌 이들의 의도와 작업들을 북한 문예 담론, 실천의 장 안에 포괄할 수 있게 될 것입니다.

토론자로 참여한 김태경 전임연구원은 두 발표자의

발표 중인 홍지석 단국대 초빙교수

이야기와 책의 내용을 바탕으로 두 가지 질문을 던졌습니다. 김태경 선생님은 우선 북한 외부의 관찰자(연구자)가 1950~1960년대 북한 문학예술계 내 논쟁의 복원을 통한 다양성을 추적하는 데서 부딪힐 수 있는 문제로서, 현재의 한국 연구자로서 당대 다양성을 역사적으로 읽어 낼 때 발생할 수 있는 긴장에 대해서 질문했습니다. 당시 작가, 예술가들이 자신을 어떻게 인식하고, 문학예술의 역할과 사회주의 건설을 무엇으로 인식했는가 등을 둘러싼 다양성을 파악하는 작업의 중요성에 공감하는 한편, 외부 관찰자가 당대의 역사적 결을 살려 내는 과정에서 성찰할 지점들이 없을까 하는 문제입니다.

또 다른 질문은 1950~1960년대 북한의 다양성을 문예 부문에서 읽어 낸다는 것이 지금의 북한 사회를 이해하고 연구하고, 나아가 북한과 관련된 사회적 담론과 정책적 실천을 생각하는 데 어떤 의미가 있는가 하는 문제였어요. 이 질문에 북토크의 많은 저자, 청중이 참여했는데 대부분 전후 북한 문예계의 다양성, 배제된 역사적 대안들에 대한 접근이 남북 모두에서 함께 잊힌 역사를 복원하는 작업이라는 데 동감했습니다. 또 배제된 대안들에서 현재 한반도의 평화에 이바지할 수 있는 실마리를 어떻게 찾을 수 있을지 지속적인 탐색이 필요하다는 논의들이 오갔습니다.

북토크 파고들기

Q. 사회주의 리얼리즘, 교조주의, 수정주의라는 용어가 생소한데 이 논쟁들이 북한 작가, 예술가들에게 왜 그렇게 중요했나요?

자본주의 사회에서와 마찬가지로, 공산주의를 지향하는 사회주의 사회에서 문학예술, 문학예술인의 정의를 제공하는 것이 사회주의 리얼리즘이라고 할 수 있습니다. 자신들을 사회주의 리얼리스트라고 생각했던 전후 북한 문학예술계의 작가, 예술가, 평론가와 그들의 작품들을 읽고 배우고 또 스스로 창작의 기회도 얻게 되었던 인민, 독자들에게 사회주의 문예계의 논쟁은 외부 선진국들만의 일이 아니라 자신이 사는 지역에서 이를 반복, 변형하면서 자신들의 사회주의 리얼리즘, 북한의 사회주의 문학예술계를 만들어 낸다는 측면에서 의미가 있었습니다. 이러한 사회주의 리얼리즘의 토착화 과정은 결코 사회주의 국내, 국제 정치에서 벗어나지 않았습니다. 특히 1950년대 말부터 본격화되는 중국과 소련이라는 두 사회주의 대국의 정치적, 이데올로기적 경쟁 속에서 교조주의, 수정주의와 같은 용어는 국제 정치적 비판이나 이와 연결되는 국내 정치 투쟁과 숙청에 동원되었는데 문학예술계 역시 이러한 논쟁 과정을 거치며 정치화되는 것은 필연이었습니다. 사회주의 리얼리즘의 본질적 요구가 문학예술이 인민을 사회주의 정신으로 교양·육성하는 데 있었기 때문에, 특히 사회주의 정신을 둘러싸고 국제·국내 정치적 정의에 민감하게 반응했던 것입니다.

Q. 지금의 북한 사회를 이해하는 데 전후 북한 문학예술은

북한 사회를 들여다보는 외부인인 우리에게 생소한 생각이 과연 북한 사회 내부에도 논쟁, 경쟁, 충돌, 갈등이 존재하고, 만약 존재한다면 이것이 유의미한 소통이나 정책적 반영, 수정으로 이어질 수 있는가 하는 점일 것입니다. 그러나 북한을 연구하는 많은 역사가, 사회학자, 정치학자, 또 북토크를 준비한 남북문학예술연구회 연구자들은 1950~1960년대 북한이 해방과 전쟁 이후 자신들의 사회주의 체제를 만들어 내는 과정에서 상호 경쟁하고 충돌하는 정책적 아이디어, 관련 지적 담론과 실천들이 다양하게 존재했다고 말합니다. 이들에 따르면, 북한에서나 남한에서나 배제되고 잊힌 1950~1960년대의 다양한 대안적 가능성에 관심을 돌리는 것은 우리에게 과거와 현재의 북한에 대해서 더 깊은 이해를 제공한다는 점에서 중요한 의미를 가집니다. 한국의 경우 남북 관계에 비전을 가지고 대북 정책을 실행하는 데 있어 어떤 북한의 상像을 가지는지가 중요하다는 점에서, 북한 사회를 입체적이고 역사적으로 이해하는 것은 필수입니다. 외부의 관찰자인 우리가 북한을 보는 천편일률적인 상에 어떤 형태로든 균열을 내는 과정이 우리의 대북 정책, 남북 관계에 영향을 미칠 수 있습니다. 우리가 만들어 가는 남북 관계에서는 북한의 실제 양상만큼이나 그 존재를 규정하고 그에 따라 대응하는 우리의 인식 및 감정 체계 역시 중요할 것입니다. 북한의 역사에 대한 폭넓은 이해를 바탕으로 우리에게 아직 낯선 북한 내부의 이질적 담론·실천들에 친숙해질 때 우리의 파트너들과 할 수 있는 이야기, 관계 진전을 위한 아이디어, 실천들의 범위가 늘어날 것입니다.

또한 잃어버린 과거로부터 새로운 상상의 갈래를 이어 나간다는 측면에서 잊힌 역사적 대안들을 복원하는 것은 북한의 미래에도 의미가 있을 수 있습니다. 북한 사회가 정적이고 불변하는 하나의 집단이 아니라면, 1950~1960년대의 다양한 논쟁들이 이후 지금까지 어떻게든 단절, 연결, 변화해 왔을 것입니다. 현재 변화하는 북한 사회에서 리더십과 주민들이 욕망하고 상상하는 미래 사회에 대한 상을 실현하기 위한 대안들로서, 언젠가 '주체'가 형성되기 직전에 폐기되고 부정된 아이디어들을 다시 찾을 수 있을 것입니다. 물론 이를 위해서는 세세한 조건들(가령 엘리트들이 전유 가능한 과거 아카이브의 보존, 엘리트들의 변화에 대한 희망과 의지)이 필요하고, 이를 현 단계에 북한 외부에서 검증할 수는 없지만, 북한 사회 스스로 변화하는 과정에서 혹은 '주체'의 틀이 현실의 요구에 따라 이완·변화되는

맥락에서 과거의 논쟁들로부터 선택지를 찾을 가능성
은 존재합니다.

더 알아보기

김재웅, 『북한 체제의 기원: 인민 위의 계급, 계급 위의 국가』, 고양:
　역사비평사, 2018.

한모니까, 『한국전쟁과 수복지구』, 서울: 푸른역사, 2017.

역사문제연구소 편, 『1950년대 남북한의 선택과 굴절』, 서울: 역사
　비평사, 1998.

역사비평 편집위원회 편, 『논쟁으로 읽는 한국사 2: 근현대』, 서울:
　역사비평사, 2009.

구갑우·이하나·홍지석, 『한(조선)반도 개념의 분단사: 문학예술편
　1』, 서울: 사회평론아카데미, 2018.

김성수·이지순·천현식·박계리, 『한(조선)반도 개념의 분단사: 문
　학예술편 2』, 서울: 사회평론아카데미, 2018.

김성경·이우영·김승·배인교·전영선, 『한(조선)반도 개념의 분단
　사: 문학예술편 3』. 서울: 사회평론아카데미, 2018.

김재용, 『북한 문학의 역사적 이해』, 서울: 문학과지성사, 1994.

남원진, 『북조선 문학론』, 북조선 문학 연구 2, 광명: 경진, 2011.

신형기·오성호·이선미 편, 『문학과지성사 한국문학선집
　1900~2000: 북한문학』, 서울: 문학과지성사, 2007.

'주체' 이전의 다양한 얼굴들

지금 평양에선!

남북문학예술연구회 편
『3대 세습과 청년지도자의 발걸음: 김정은 시대의 북한
문학예술』,
광명: 경진, 2014.

일정	2019년 1월 30일 수요일
장소	책방이음
발표와 토론	오태호(경희대), 이지순(통일연구원)
읽고 정리	김성희

북토크 책 소개

「지금 평양에선」이라는 텔레비전 드라마를 기억하시
나요? 이 드라마를 기억하신다면 아마 40대 이상이실
겁니다. 1982년부터 1985년까지 KBS에서 방영된 드라
마였거든요. 지금 생각해 보면 「지금 평양에선」은 참
기괴한 드라마였습니다. 김정일, 김영주, 김영남, 오진
우, 오백룡과 같은 북한 수뇌부가 거의 모두 등장하는
데, 이 사람들의 사적인 대화와 세세한 감정까지도 묘
사되어 있거든요. 작가적 상상력이 충분히 발휘된 것
이지요. 그런데 충격적이었던 것은 저녁 7시에 방영되
는 드라마였음에도 기쁨조 등 성인 드라마에서나 나올
법한 내용이 방영되었다는 겁니다. 체제 경쟁이 극에
달하던 시기에 북한은 항상 호기심의 대상이었죠. 하
지만 그 호기심을 충족시키려는 방법은 종종 선정적이
기도 했습니다.

지금 평양에선 무슨 일이 벌어지고 있을까요? 그곳

사람들은 무엇을 생각하고 느끼며 살고 있을까요? 이런 궁금증은 반공 이데올로기가 남한 사람들의 정서와 심리를 지배하던 1980년대뿐 아니라 냉전이 과거의 일이 되어 버린 21세기에도 계속되고 있습니다. 북한을 소재로 한 텔레비전 예능·시사 프로그램이 현재까지도 제작되고 사랑받고 있는 것이죠.

이런 북한을 소재로 한 예능·시사 프로그램이 가장 인기 있던 시절은 아마 2011년 이후 몇 년일 겁니다. 김정일 사후, 김정은 집권 직후의 북한은 그야말로 호기심의 대상이었습니다. 대북 정책에 관여하는 전문가들뿐만 아니라, 일반 시민들도 새로운 지도자가 북한을 어떻게 끌어가고 있는지 궁금해했지요. 북한에 대한 대중의 관심이 높아졌다는 것은 어쨌든 좋은 일입니다만, 그럴 때일수록 미디어의 선정성과 상업성은 문제가 되기도 합니다. 그런 의미에서 2011년 이후 남한 매체가 북한을 다루는 방식은 「지금 평양에선」이 방영되던 1980년대 초중반과 그다지 다르지 않았다고 말할 수도 있을 것입니다.

『3대 세습과 청년지도자의 발걸음』은 이러한 분위기에서 나온 책입니다. 남북 관계는 얼어붙어 있었지만 반대로 북한에 대한 대중적 관심은 높아지고 있었습니다. 김정은 체제의 북한에 대한 정치, 경제, 사회

북한대학원대학교
역사책방
책방이음

지금, 여기
남북의 마음 알기

저자와
함께 하는
북토크

NRF 한국연구재단

〈3대 세습과 청년 지도자의 발걸음〉

1월 30일 수요일 19:30
오태호 (경희대)
이지순(통일연구원)

〈전쟁과 북한 문학예술의 행방〉

2월 14일 목요일 19:30
유임하 (한국체대)
김은정 (한국외대)
김민선 (동국대)

〈전후 북한 문학예술의
미적토대와 문화적 재편〉

2월 26일 화요일 19:30
홍지석 (단국대)
김태경 (북한대학원대학교)

 북한대학원대학교 산하 남북한마음통합연구센터 이음

동향을 분석·평가·전망한 정책 보고서와 논문이 생산·발표되었고, 이 중 일부는 언론에 소개되기도 했습니다. 선정성·상업성을 띤 정보와 지식만이 생산되었던 것은 아니라는 거죠.『3대 세습과 청년지도자의 발걸음』도 이런 선정성·상업성을 배제한 연구서라고 할 수 있습니다. 하지만 다른 점은 이 책이 김정은 시대 문학예술을 다뤘다는 겁니다. 문학예술은 진입 장벽이 낮습니다. 쉽게 누릴 수 있는 대상이기에 그 분야를 이해하기 위해서 특별히 전문가적인 식견을 가질 필요까지는 없다는 거죠. 그래서『3대 세습과 청년지도자의 발걸음』은 아주 특이한 책이라고 할 수 있습니다. 상업성을 띠지 않았지만 충분히 대중적인 책입니다.

이 책의 저자들의 목소리는 격앙돼 있지 않고 독자들을 흥분시키려 들지도 않습니다. 이런 차분함은 저자들에게 북한 문학예술 연구가 반복된 일상이었기에 가능한 것이었습니다. 2007년에 창립된 남북한문학예술연구회는 학술 대회를 개최하고 논문집을 출판하는 등 그동안 꾸준히 활동해 왔습니다. 2020년 현재 시점에서 보면 벌써 13년이 된 것인데요. 이 책은 연구회 창립 7년의 해에 나왔습니다. 참 오랫동안 일군一群의 북한 문학예술 연구자들이 꾸준히 노력해 온 겁니다. 그 결과『3대 세습과 청년지도자의 발걸음』과 같은 북한에 대해 차분하고 이성적인 분석이 만들어질 수 있었습니다.

이 책에는 김정일 시대 초 북한의 문학예술에 대한 논문 13편이 수록돼 있습니다. 재미있는 점은 "동향", "향방", "추이" 같은 단어가 붙은 제목이 많다는 것입니다. 더욱이, 거의 모든 논문의 제목에는 "김정은 시대"라는 시대 규정이 붙어 있습니다. 대개 북한 문학예술 연구는 1950~1960년대와 같이 시간적 거리가 확보된 시기를 다루는 경향이 있습니다. 하지만 이 논문은 북한의 현재를 다룹니다. 김정은 시대, 즉 "지금 평양에서" 벌어지는 일들이 논의의 대상인 거죠.

구체적으로 연구 대상이 된 시기는 김정일 시대 말기부터 그 아들 김정은 시대 초기(2009~2013)까지이고, 장르는 문학예술 총론과 시, 소설, 아동 문학, 연극, 음악 등입니다. 내용을 좀 더 자세히 소개하자면, 성균관대학교의 김성수 선생님은 이 책에 두 편의 논문을 실었습니다. 첫 글은 김정은 시대 초 북한 문학의 동향을 『조선문학』과 『문학신문』을 읽으며 분석해 냅니다. 두 번째 글은 북한의 문학 작품들을 읽어 가며 "핵·경제 병진 시대"라 일컬어지는 김정은 집권 초기의 사회 현실을 비판합니다. 이 책에는 시詩에 대한 두 편의 논문도 수록돼 있습니다. 통일연구원의 이지순 선생님은 북한의 김정은 찬양 가요와 시를 읽으며 김정은 시대의 지도자 이미지와 사회 이미지를 분석합니다. 가천대학교의 이상숙 선생님이 쓴 논문의 주제도 비슷합니다. 2012~2013년 동안『조선문학』에 실린 시들을 통해 새로운 북한 정권이 자신들의 나라를 어떤 사회로 형상화하려고 했는지를 밝혀냅니다.

북한의 새로운 지도자 김정은의 첫 과제는 자신의 아버지를 어떻게 애도하고 자신의 권력 승계를 정당화하느냐는 것이었습니다. 그래서 이지순 선생님과 중앙대학교의 오창은 선생님은 각자의 논문에서 김정일 사후의 북한문학을 검토합니다. 김정일 추모와 권력승계가 문학적으로 어떻게 형상화되는지 연구한 것이지요.

김정은 시대 초기를 이해하기 위해 꼭 짚고 넘어가야 하는 몇 가지 중요한 담론이 있습니다. '김정일 애국주의', '최첨단 시대', '양심과 헌신', '백두혈통' 같은 것들이죠. 이 책에서 김정은 시대 담론을 분석한 이는 경희대학교의 오태호 선생님입니다. 한편 2013년은 휴전 60주년, 북한식으로 표현하자면 '전승 60주년'이었습니다. 휴전 60년 후, 북한이 한국전쟁을 어떻게 기억하는지를 분석한 논문도 이 책『3대 세습과 청년지도자의 발걸음』에 수록돼 있습니다. 이 글을 쓴 이는 한국체육대학교의 유임하 선생님입니다.

책방이음 북토크 정경

이외에도 중국 저장사범대학 아동문학연구센터의 마성은 선생님, 한국문화관광연구원의 박영정 선생님, 단국대학교 한국문화기술연구소의 배인교 선생님 등이 아동 문학, 텔레비전 프로그램과 공연 예술, 음악 등을 분석해 김정은 시대에 맞춰 변화하는 북한의 모습을 보여 줍니다.

이 책이 주로 보여 주는 김정은 시대 초기 북한 문학 예술의 두 가지 상반되는 특징 중 하나는 속도, 테크놀로지, 청년 같은 서구 아방가르드, 모더니즘적인 주제를 다루었다는 것입니다. 다른 하나는 전대 지도자 김정일에 대한 추모 분위기가 강했다는 것입니다. 그런데 전자가 중심이었다면 당연히 신선하고 발랄해야 하는데, 후자의 분위기 때문인지 전혀 새로운 형식을 보여 주지 못합니다.

남한과 서구의 많은 사람은 북한이 변화하길 바랍니다. 그러나 북한은 그런 바람과는 달리 쉽게 변하지 않아 왔습니다. 이 책이 보여 주는 것도 크게 변화하지 않는 북한입니다. 그래서 이 책은 단순히 김정은 시대의 문학예술을 보여 주는 데 그치지 않고, 체제와 문화의 경직성을 비판하고 있다고 할 수 있습니다. 가령 선전 구호나 문학 작품을 보면 속도에 관한 이야기, 청년에 관한 이야기가 많습니다. 과학 기술에 관한 이야기도 있으니 소재만 보면 이건 아방가르드, 모더니즘 문학이어야 합니다. 하지만 『영화예술론』(1973), 『주체문학론』(1992) 등 선대부터 부과된 문학예술에 대한 규범이 강하기 때문에, 아방가르드 문학의 형식적 실험이 전혀 허용되지 않았습니다.

형식의 변화가 없으니 생각에도 거의 변화가 없습니다. 천리마를 재연하자는 만리마도 전혀 새로운 게 없습니다. 속도를 강조하지만 이 역시 이미 속도전, 천리마 시대에 다 나왔던 이야기입니다. 곱하기 10을 하여 만리마가 되든, 또다시 곱하기 10,000을 하여 억리마가 되든 생각의 근본이 바뀌지 않으니 생활도 변하지 않습니다. 발랄한 형식적 실험이 여전히 금기시된 문학예술은 생활의 발전이 없는 2011~2013년 북한의 모습을 보여 주는 것이라 할 수 있습니다.

하지만 아예 희망이 없는 것은 아닙니다. 저자 중 한 사람인 김성수 선생님은 이 책의 1장인 「김정은 시대 초의 북한문학 동향」에서 담론의 변화를 추적합니다. "선군 담론의 자장이 구심력을 잃고, 인민생활 향상이라는 민생 담론이 원심력"을 보인다는 것이죠. 그의 이러한 관찰은 2018년에 이르면 담론에만 그치는 것이 아닌 김정은 정권의 실천으로 이어집니다. 북의 젊은 지도자가 남북 정상 회담을 통해 변화에 대한 강한 의지를 드러낸 것입니다.

이렇게 『3대 세습과 청년지도자의 발걸음』은 김정은 시대 초기의 북한 문학예술의 동향을 살피고 근본적인 변화를 회피하는 북한 정권을 비판하며, 한편으로는 앞으로 다가올 변화를 감지하기도 하는 책입니다. '현재'란 항상 바뀝니다. 오늘의 '현재'는 내일의 '과거'가 되죠. 이 책을 읽으며 우리는 어제의 '현재'를 회고하며 오늘의 '현재'를 점검하고, 내일의 '현재'를 예견해 볼 수 있을 것입니다.

이 책에서 공동 연구를 수행한 남북문학예술연구회의 필자들은 총론이든 각론이든 가릴 것 없이 문학예술을 통해 김정은 정권이 '체제'로 안착되고 '시대'로 명명될 수 있다고 잠정적으로 전제하였다. 김정은 시대 초기의 문학예술이 '김일성=김정일=김정은' 명제의 상징을 통해 부조父祖의 권위를 성공적으로 승계하고 '인민 생활 향상'을 위한 다양한 변화를 꾀하고 있긴 하지만, 아직은 크게 보아 '선군문학예술'의 자장에서 그리 크게 벗어나지 못했다고 평가할 수 있다. 앞으로 그 지속과 변모의 무게중심이 어느 쪽으로 쏠릴지는 두고 볼 일이다. 제대로 된 전망을 하기 위해서도 문학예술 원전을 꼼꼼히 읽고 섬세하게 분석 평가하는 공동 연구가 지속될 것이다. 이 책은 그 작은 출발일 뿐이다.

북토크 열어보기

『3대 세습과 청년지도자의 발걸음』의 저자 중 경희대 오태호 선생님과 통일연구원 이지순 선생님이 연사로 나서 2019년 1월 31일 이 책에 대한 북토크를 진행하였습니다. 날씨가 쌀쌀했던 데다가 출판된 지도 4년이 넘은 책에 대한 북토크였지만, (다소 진부한 표현을 쓰자면) 현장의 열기는 뜨거웠습니다.

두 저자는 상당히 하고 싶은 얘기가 많은 인상이었

습니다. 왜냐하면, 이 책이 나온 2014년과 북토크가 열린 2019년의 분위기는 아주 달랐거든요. 김정은의 리더십 스타일이 변했고, 이에 따라 문학예술 작품의 분위기도 달라질 것이라는 전망이 우세했습니다. 그래서 저자들은 책이 발매되던 시점과 현시점을 계속 비교해가며 북토크를 진행했습니다.

우선 경희대학교의 오태호 선생님은 2016년 제7차 당대회 이후 여명거리를 포함한 평양의 변화상을 이야기했습니다. 여기에서 저자 선생님은 김정은 시대 초기를 이야기하기 위해 2012년부터 2016년까지의 북한 문학에 집중합니다. 오태호 선생님은 이 시기 북한 문학의 세 가지 키워드로 김정은 애국주의, 만리마, 공산주의적 전형을 꼽습니다. 하지만 결론적으로 말해, 이러저러한 시도만 있었지 근본적인 변화는 없었다고 합니다.

가장 먼저 지적한 사항은 사상 계승의 문제였습니다. 김정일 시대에는 김정일 애국주의라는 게 있었습니다. 김정일의 애족·애국 사상인데, 이를 북한의 새로운 지도자 김정은은 다시 사용합니다. 일종의 리사이클recycle이지요. 물건을 재활용하면 환경 보호에 도움에 됩니다만, 사상을 재활용한다면 어떤 효과와 이득이 있을까요? 오태호 선생님은 김정은이 김정은 애국주의라는 이름으로 아버지의 사상을 재활용한 것은 계승을 정당화하고 권력을 공고히 하기 위한 행위였다고 분석합니다. 단순히 생물학적인 아들이 아닌 사상의 계승자로서 정통성을 확인하고자 한 것입니다. 그 다음에 언급한 키워드는 만리마 운동이었습니다. 김정은 시대 북한은 자신들이 최첨단의 문명국이라는 자부심을 드러내고자 노력했습니다. 속도와 과학 기술을 강조하고 인공위성, 핵무기의 개발이 미국과 자본주의 문명이라는 거대한 적과 맞서는 방편이라고 주장하곤 했죠. 세 번째 키워드는 공산주의적 전형입니다. 김정은 시대 초 북한 문학은 인물 형상화의 측면에서 보자면 해방 직후의 북한 문학과 크게 다르지 않았습니다. 고상한 주인공, 헌신적인 노동자, 노동 영웅 등을 형상화·이상화하는 고상한 리얼리즘이 김정은 시대 문학의 주류를 이룹니다.

이렇듯 오태호 선생님은 2016년 제7차 당대회 이전에는 북한 문학에 그다지 큰 변화가 없었다고 말합니다. 그리고 제7차 당대회에서 김정은은 북한의 지도자로 전면에 나섭니다. 책에는 2016년 이후 상황은 묘사하지 않는데요, 그럼 책이 출판된 이후, 즉 2017년에는 북한 문학에 변화가 생겼을까요? 안타깝게도 그건 아니라고 합니다. 여전히 미국은 승냥이, 제국주의자로 묘사되고 남한 정부는 괴뢰 정부로 지칭됩니다. 그렇다면 2018년에는 어땠을까요? 선전성이 강조되긴 했지만 이때에도 별다른 변화는 없다고 합니다. 적어도 북한 문학에서 김정은 시대 초기와 최근 사이의 차이는 없다는 거지요.

하지만 그래도 무엇인가 변화를 찾아보고자 한다면, 북한 문학이 도식성에서 벗어나려는 움직임이 미세하게나마 보인다는 게 오태호 선생님의 견해입니다. 오 선생님은 탈북자가 등장하는 소설인 김하늘의 『들꽃』을 탈도식성의 징후 가운데 하나로 꼽으면서도 강한 아쉬움을 드러냅니다. 왜 북한 문학은 이상주의적인 인간 모델이나 그들의 삶에만 집중하는 것일까? 왜 인물 간의 갈등, 사회의 고민 등이 잘 드러나지 않는가? 오태호 선생님은 북한 문학이 탈북자 문제와 같은 사회적 고민을 좀 더 다뤘으면 한다는 소망을 피력합니다. 우리도 김하늘의 『들꽃』에서 북한 문학이 마침내 도식성이라는 감옥에서 벗어날지도 모른다는 희망을 찾을 수 있을 것입니다.

통일연구원의 이지순 선생님은 『3대 세습과 청년지도자의 발걸음』에 수록된 자신의 논문 두 편을 설명했습니다. 이지순 선생님은 북한 시의 이미지가 김정은 집권 이후 어떻게 나타나고 있는지 살펴보고자 논문을

북토크에 참여한 남북한마음통합연구센터, 남북문학예술연구회 그리고 책방이음

썼다고 합니다. 크게 두 가지를 찾을 수 있었는데 하나는 김정일 사망 이후 애도의 코드였고, 다른 하나는 김정은의 신화 만들기였다고 합니다. 이에 대한 두 논문의 제목은 각각 「김정은 시대의 애도와 구원의 코드: 김정일 추모문학론」과 「김정은 시대 북한 시의 이미지: '발걸음'과 '청춘세대'의 외화」입니다.

이 두 논문의 저자 이지순 선생님이 김정은에 대해 관심을 갖게 된 계기가 있었다고 합니다. 첫째는 미국의 북한 정보사이트(www.38north.org)가 공개한 김정은의 사진이었다고 합니다. 김정은이 해가 떠오르는 모습을 지켜보는 사진인데, 이 사진에 대해서는 사진의 주인공이 김일성이냐 김정은이냐, 즉 피사체의 정체에 관한 논란이 있었다고 합니다. 저자에 의하면 이런 사진은 전형적인 초상화보다 더 서사적인 구조를 띠게 된다고 하네요. 사진 속 주인공의 얼굴만 보면 세 사람(김일성, 김정일, 김정은)을 합쳐 놓은 것 같다고 합니다. 만일 그 주인공이 김일성이라면 복장이 김일성의 그것과 일치하지 않는다고 합니다. 만일 그가 김정은이라면 사진 속 호주는 아마 스위스에 있는 것일 테지요. 어쨌든 저자는 이 사진을 통해서 김정은의 이미지가 김일성의 그것과 유사하다고 생각했지만, 이미지 면에서는 선대의 지도자들과는 다르게 꽤 서구적이라고 느꼈다고 합니다.

2011년 12월 17일에 김정일이 사망하고 이후 2012년에 추모 문학집이 두 권 나옵니다. 그런데 저자에 따르면 추모의 분위기는 2012년 7월에 다 끝났다고 합니다. 김정일 사망 후 『로동신문』에 집체적으로 애도·추모시 등이 실리고 조선작가동맹 차원에서도 많은 추모 작품이 생산되었죠. 하지만 이런 추모의 분위기는 오래가지 않았다고 합니다. 슬픔의 분위기를 곧 걷어내고 인민들이 무엇을 해야 하는가, 누구를 따라야 하는가와 같은 현실적인 문제를 다루기 시작했다는 거죠.

이렇게 볼 때, 김정은은 아버지 김정일보다는 할아버지 김일성과 닮으려 했다는 것을 알 수 있습니다. 이지순 선생님은 걷기의 이미지를 비교합니다. 김일성은 13살에 만주를 횡단했다고 하죠. 발걸음으로 이어 가는 걷기의 이미지가 있습니다. 청각적으로는 뚜벅뚜벅(걸음 소리), 영차영차(고난의 행군을 이겨 내야 한다는 인민의 목소리) 등이 이 걷기의 이미지와 연결돼 있죠. 김정은 찬양 가요인 「발걸음」은 이런 김일성 시대의 이미지를 소환한 것이라고 합니다.

2012년만 놓고 본다면 김정은은 자신만의 통치 철학을 창조하고 강조하기 어려웠습니다. 그때 김일성과의 동질성·유사성을 이미지적으로 만들어 내게 된 거죠. 김일성 시대는 북한에서는 향수(노스탤지어)를 불러일으키는 좋은 시절good old days이었습니다. 이지순 선생님에 따르면 2012년 젊은 지도자의 통치를 확고히 하고 사회를 안정시키기 위하여 북한의 선전가들은 빨리 무엇인가를 만들어 내야 했고, 그래서 젊은 김정은에게 과거 좋은 시절의 지도자였던 김일성의 이미지를 덧칠하려 했다고 추론합니다.

결론적으로 말해 이지순 선생님이 표현한 김정은 시대의 시 이미지는 이런 것이었습니다. 짧은 애도 후의 혁신!

북토크 파고들기

Q. 최근의 북한을 연구하시는데, 요즘 북한 사람들은 어떻게 살고 있는지 아시는지요? 사회 말고 사람, 집단 말고 개인에 관한 이야기를 듣고 싶습니다.

제가 만나 본 사람들에 대해 말씀드리자면, 예전에 북한 화교를 만난 적이 있었습니다. 중국인이지만 북한에서 태어난 경우인데, 이분은 중국과 북한을 오가며 생활하신다고 하셨어요. 언젠가는 평양에서 선군조 친구들을 만난 적이 있었습니다. 그런데 재미있는 것은 이 친구들이 사는 방식이 우리의 예상과는 달리 아주 원자적(독립적)이었다는 것입니다. 어떤 교수님을 찾아뵌 적도 있는데 그분 월급이 미화 1달러 정도라고 하더군요. 전체적으로 보면 시장 경제가 발달하고 있는 것은 사실인 듯합니다. 사회주의 경제라는 게 1980년대 그리고 1990년대 고난의 행군 때부터 이미 느슨해졌죠.

Q. 만리마 운동의 예술적 성과나 그 시대 사회적 변화 같은 게 있었나요?

만리마 운동은 속도를 강조합니다. 그런데 실질적으로 북한 문학에는 1960년대 나왔던 전통 형식밖에 없습니다. 예술적 혁신, 문학적 혁신 같은 건 나오지 않습니다. 다시 말해 새로운 예술적 전형이 만들어지지 않았습니다. 사회적으로는 만리마 선구자가 나왔죠. 당대회 때 요구되었는데 1년 만에 만리마 선구자 1호가 나왔습니다. 아주 대대적으로 선전을 했죠. 하지만 제가 생각하기에 그런 만리마 운동은 지금은 할 수 없는 것 같습니다. 만리마 속도? 그건 이미 2019년에는 사라졌습니다. 혁신의 카테고리를 보면 기존의 주체 문학의 범주가 현재 김정은 체제와 맞지 않는다는 문제가 있습니다. 정치는 최첨단을 요구하지만 문학은 20세기에 머물러 있는 것이죠. 인민의 즐거움, 재미를 위해 무언가 해야 한다고 생각합니다. 스펙터클, 스릴, 의외성, 놀라움 이런 것들을 문학과 예술이 다뤄야 한다고 보는 거죠.

Q. 2019년 신년 경축을 보면 폭죽도 터지고 사람들이 춤도 춥니다. 뭔가 변화가 생기는 것도 같습니다. 만리마 선구자, 만리마 기수의 예에서 그 변화의 징후 같은 것을 찾을 수 있을 것도 같은데요.

영웅이 있지만, 영웅은 개인이 아니라 집단입니다. 예를 들어 검덕 광산(함경남도 단천군 북두일면에 있는 광산)이 성과를 냅니다. 그럼 영웅으로 누가 호명될까요?

어떤 개인? 아닙니다. 집단이 호명됩니다. 실제로 검덕 광산에는 15명의 그룹이 영웅으로 칭송받습니다. 예술적 형상을 말하자면, 문제는 인물이 지나치게 이상적으로 그려진다는 점이죠. 현실적으로 존재할 수 없는 인물입니다. 가령 과학의 일상화, 인민의 과학자화를 말하는데, 모든 노동자가 과학자가 되기는 힘들죠. 이상은 최첨단 시대인데 현실은 석탄이 주 에너지원이에요. 요즘 작품들이 확실히 재미있어지기는 하지만 문학이 현실을 재현하거나 미래의 비전을 제시하는 데에는 한계가 있는 것 같습니다.

Q. 김정은 시대 문학 문화의 총아는 무엇이라고 할 수 있을까요? 김정은에 대한 시 가운데 대표적인 것은 무엇이 있을까요?

김정은 시대 문화의 총아는 노래 중심의 공연 예술이라고 생각합니다. 2019년 1월만 해도 야외 무대에서 축포를 쏘고 화려하게 공연을 했지요. 김정은에 대한 시 가운데 대표적인 것이라 하면, 하나를 뽑기 힘드네요. 소설로는 가능한데, 수령 형상 같은 숭고한 이미지를 짧은 분량의 언어로 그리는 것은 불가능에 가까운 것 같습니다. 물론 김정은을 역동적인 이미지로 경쾌하게 표현한 찬양 가요 「발걸음」 같은 게 있기는 합니다. 김정일 시대에는 소설이 중요했습니다. 하지만 김정은 시대에는 문자 매체가 그다지 두각을 나타내지 못합니다. 문학 얘기는 안 하고 영화 얘기만 하는 것 같습니다. 이건 김정은 본인의 감수성과도 관련이 있는 것 같아요.

Q. 김정은 시기 문학은 처음 접해 봅니다. 전반적으로 느낀 게 김정일 애국주의, 최첨단 시대, 청년과 아동이 중시되고 있는 것 같습니다. 그런데 김정은 시기만의 문학이라는 게 있을까요?

성서에도 나오는 말이지만, 하늘 아래 새로운 것은 없다고 하지 않습니까? 김정은 시대 문학이 새로울 건 없죠. 김정은에게는 친위 세대라는 게 있습니다. 하지만 문학적으로 새로울 건 없죠. 김일성의 아동소년단이나 항일 무장 투쟁 같은 것을 벤치마킹한 부분이 많습니다. 한편 사회 분위기는 김정일 시대와는 다른 부분이 있는 것 같습니다. 활력 있고 열정적인 모습이랄까? 이런 것들은 김정일 때에는 찾아보기 힘든 모습이었죠. 김정일 사후 북한 주민들이 굉장히 불안해했던 것 같습니다. 불안의 징후로서 추모 문학이 많이 나오죠. 어떤 반성의 분위기도 읽혀요. 그래서 권력 승계 이후 굉장히 빠르게 새로운 지도자를 중심으로 새롭게 일어나려고 하죠.

더 알아보기

앞서와 같이 오태호 선생님에 따르면, 2016년 제7차 당
대표 대회 전후로 김정은 정권과 북한 사회의 분위기
가 많이 달라진다고 합니다. 그래서인지 김정은 시대
초기에 나온 출판서 북한 연구서와 최근의 연구서는
다소 다릅니다. 여기에 소개하는 모든 책은 김정은 시
대(2012년 이후) 문화, 사회, 예술에 대한 글입니다. 이
참고문헌을 읽으며 김정은 시대 초기와 최근을 비교·
대조해 보는 것도 흥미로운 일일 것입니다.

김성경 외, 『북한 청년들은 새 세대인가: 김정은 정권과 청년세대의
　　다중적 정체성』, 마산: 경남대학교 출판부, 2018.
김엘렌 외, 『김정은 체제: 변한 것과 변하지 않은 것』, 파주: 한울엠
　　플러스, 2018.
남북문학예술연구회 편, 『감각의 갱신, 화장하는 인민: 김정은 시대
　　와 북한 문학예술의 지향』, 서울: 살림터, 2020.
북한연구학회, 『김정은 시대의 문화: 전환기 북한의 문화현실과 문
　　화기획』, 파주: 한울아카데미, 2015.
서보혁·김일한·이지순, 『김정은에게 북한의 미래를 묻다』, 서울:
　　선인, 2014.
정병호, 『고난과 웃음의 나라: 문화인류학자의 북한 이야기』, 파주:
　　창비, 2020.

삼천만의 배우

한상언
『문예봉傳: '빨찌산의 처녀'가 된 '삼천만의 여배우'』
월북 영화인 시리즈 1, 서울: 한상언영화연구소, 2019

일정	2019년 3월 28일 목요일
장소	역사책방
발표	한상언(한상언영화연구소)
읽고 정리	김태경

북토크 책 소개

『문예봉傳: '빨찌산의 처녀'가 된 '삼천만의 여배우'』
(이하『문예봉전』)은 해방 이전 일제 강점기 조선 영화
계를 대표하는 얼굴, '삼천만의 국민배우'였던 문예봉
의 인생을 조명합니다. 한상언영화연구소가 전 10권으
로 출간한 월북 영화인 시리즈는 2019년 한국영화 100
주년을 맞아 분단된 이후 교류할 수 없었고 현재는 역
사의 갈피 속에 다수 잊힌 북한의 영화, 영화인 들을 조
명하는 기획입니다. 월북 영화인 시리즈는 식민지 시
기 조선 영화라는 같은 뿌리에서 서로 갈라진 남북 영
화의 다른 갈래를 이해하는 창입니다. 특히 개별 영화
인에게 초점을 두고 그들의 생애와 그들이 살아 낸 시
대, 무엇보다 그들이 인생을 걸었던 영화의 궤적을 좇
는 보기 드문 자료라는 점에서 중요한 의미를 가집니
다.

시리즈의 첫 권『문예봉전』은 일제 강점기 조선 영회

를 대표하는 배우 문예봉의 해방기 이전, 해방과 월북 이후 활동 전반을 아우르는 삶을 보여 줍니다. 문예봉의 삶이 현대사의 주된 국면에 걸쳐 영화라는 한 영역을 관통해 보여 주는 대표성은, 우리와는 다르지만 분단된 다른 너머의 북한이라는 문화의 흐름과 변화들을 가까이 이해하도록 도와줍니다. 특별히 『문예봉전』은 문예봉의 생애를 펼쳐 보여 줄 뿐 아니라 그의 인터뷰, 발표된 글 등을 '자료편'에 싣고 있어, 독자들에게 그의 전반적인 삶과 배우로서의 철학, 북한 사회에서의 위치 등을 이해하는 데 중요한 출발점을 제공합니다.

한상언 선생님은 『문예봉전』의 프롤로그에서 문예봉의 이름을 처음 들은 계기는 1986년 MBC 다큐 드라마 「북으로 간 여배우」이고, TV에서 실제 본 것은 1989년 전대협 대표 임수경이 세계청년학생축전 참석을 위해 평양을 방문 후 귀환할 때 문예봉이 손을 흔들어 배웅했던 모습이라고 밝힙니다. 해방 전 압도적인 인기를 누린 스타 중의 스타였지만 분단 후 남한의 반공 드라마에서는 공산 정권에 희생된 비참한 모습으로 표현된 문예봉이 살았던 실제 삶의 궤적을 보여 주는 것이 저자의 의도라고 볼 수 있겠습니다.

문예봉은 스타가 된 이후 2차 대전 당시 일제의 군국주의 선전 영화에서 주연도 했고, 한국전쟁기에 북

NRF 한국연구재단

〈북으로 간 여배우 문예봉〉

지금, 여기
남북의 마음 알기

3월 28일 목요일 16:00

역사책방

한상언(한상언영화연구소 대표)

북한대학원
대학교와
함께 하는
북토크
7,8,9

〈나의 아버지 박태원〉

4월 5일 금요일 18:00

역사책방

박재영(구보 박태원 기념사업회 부회장)

〈극작가 박영호의 해방 전후〉

4월 12일 금요일 16:00

역사책방

전지니(한국항공대 교수)

 북한대학원대학교 SSK남북한마음통합연구센터

한 점령지가 된 대전 이북 지역에서 전선 위문대로 문예 공연을 했으며, 전후 북한 사회주의 건설 시기 다양한 연기 활동 중에 숙청되었다가 은퇴 후 복권되어 다시 영화 출연을 이어 간, 그야말로 굴곡진 필모그래피를 가진 배우입니다. 1917년에 태어나 해방 이전, 해방 공간, 전쟁기, 전후 사회주의 건설, 김일성 사망 이후 1999년까지 살았던 그의 생애는 기나긴 필모그래피만큼이나 화려하고 지난했습니다. 문예봉의 생애에 대한 저자의 설명을 따라가다 보면 스크린을 대표한 그의 인기 너머 다양한 이면들을 발견하면서 삶을 새롭게 느끼게 되고, 여배우의 다사다난한 인생을 보며 당시 다른 여성들의 삶이란 더 가혹하고 참담했을 식민지 조선의 현실을 가까이 그려 보게 됩니다.

문예봉은 연극배우 문수일의 딸로 어려서부터 극장에서 연기를 보고 들으며 자랐습니다. 그는 아버지의 권유로 연기를 시작했습니다. 「임자없는 나룻배」(1932)로 데뷔했고 조선의 첫 유성 영화 「춘향전」(1935)으로 흥행에 성공했습니다. 한편 찢어지는 가난을 견디며 아버지, 그리고 사랑하는 남편인 극작가 임선규와 아이들을 부양한 문예봉의 삶은 스타의 화려함과 동시에 당시 식민지 조선의 연극계, 영화계의 현실과 여성으로 사는 생활을 생각하게 만듭니다. 한 살 터

울로 함께 자라고 연기도 같이한 고모 문숙방이 아버지의 돈 욕심 때문에 다른 지역에 팔려가고, 남편 임선규가 폐병과 가난으로 힘들어할 때도 문예봉의 부양하는 인생은 계속되었습니다. 임선규의「사랑에 속고 돈에 울고」(1936)가 히트를 기록하며 형편이 나아지고 문예봉의 스타로서 안정된 생활도 계속되는 듯했으나 이내 일제의 군국주의 전쟁 선전에 동원되면서 당시 영화계의 인사들과 마찬가지로 친일 부역의 오명을 지게 되었습니다.

해방 공간에서의 기쁨은 순간일 뿐, 곧 영화계를 둘러싼 좌우 대립과 미군정기 좌익에 대한 대대적 탄압 속에 월북이란 선택지밖에 남지 않았던 문예봉은 아이들과 1948년 3월 15일에 38선을 넘었습니다. 그리고 이후 북한 영화계를 대표하는 얼굴로 자리 잡습니다. 해방 공간에서 문예봉은 남로당 선전책이었던 남편 임선규와 각종 집회에 연사로 적극적으로 참여했고 미군정의 검열 정책에 좌익계 활동이 어려워지면서부터는 분단된 북쪽에서 영화 인생을 지속하게 되었습니다. 책의 부록에서 해방 공간 당시 문예봉의 기록을 들여다볼 수 있는데요. 1947년 4월 13일『문화일보』에 실린「[여인일기]: 어서 카메라 앞에」나 1947년 5월 1일『광명일보』에 실린「[여류수필] 오월과 소녀공」을 보면 이 시기 그가 무엇을 염원하고 무엇에 열정을 다하고 있었는지가 분명히 전해 옵니다.

요즈음에 나는 버릇이 하나 생겼다. 즉 그것은 신문을 보지 않으면 궁금증이 나서 못 견디는 것이다. …… 조선에 대한 확고한 세계적 방침이 명확히 있음에도 불구하고 그 유일한 조선 사람이 살아나갈 길인 국제적 공약(즉 막부결정)을 실천할 미소공위가 속개되지 못하여 독립의 길은 점점 멀어지는 것 같다. 독립이 멀어져서 초조하는 것과 같이 이를 보도하는 신문의 배달이 늦으면 이에 초조감을 느끼고 아침 신문을 안보면 무엇인가 하나 잊어버린 것 같다. (「[여인일기]: 어서 카메라 앞에」, 『문화일보』 1947년 4월 13일, 『문예봉전』, 148쪽)

처음으로 가져보던 지난해의 메이데이기념대회에서 뼈에 사무친 감격은 아마 평생을 두고 흐릴 것 같지 않다. 깃발을 앞 세우고 깍지 끼고 노래 부르며 외치며 불어오던 영등포의, 철도의, 경전의 빛나는 얼굴들 그저 황홀할 뿐이었다. 그리고 수많은 사람들을 상대로 연설하는 열댓 살밖에 안 되는 소녀공의 목멘 소리에 나는 끝끝내 눈물을 가리지 못해서 군중 속에 주저앉

발표를 맡은 한상언 한상언영화연구소 대표

아 버리고 말았다. 한때 숨막히던 사월을 보내면서 환하게 보인 듯한 무엇을 느끼는 것은 나뿐이 아닐 것이다. 소미공위가 열린다는 소식, 우리의 선수가 보스턴 마라톤에 신기록으로 제패했다는 소식, 전평 대표 두 분이 프라하 간다는 소식, 체코에서 열리는 국제제전에 기어코 많이들 와 달라고 남조선 민청으로 초청장이 왔다는 소식. 이러한 기쁜 소식으로 해서 올해의 메이데이는 더욱 빛날 것이다. …… 어서 남산으로 쫓아

삼천만의 배우

가야겠다. 또 다른 열댓 살 되는 소녀공의 힘찬 연설을 이번엔 끝까지 눈물을 참고 똑바로 정면에서 들어야 겠다. (「[여류수필] 오월과 소녀공」, 『광명일보』1947 년 5월 1일, 『문예봉전』, 150~151쪽)

1946년 노동절 집회에서 소녀공의 발언을 듣고 해방된 새로운 세상에 대한 갈망으로 희망이 부풀었던 문예봉. 그러나 현실은 1947년 8월 미소공위 결렬과 함께 본격화된 한반도에서의 냉전이었습니다. 그도 소속되었던 조선영화동맹을 비롯한 좌익계 문화인들에 대한 미군정의 단속이 이어졌고, 한국전쟁기까지 그를 포함한 다수 지식인과 문화인들의 월북이 있었습니다. 문예봉은 월북하자마자 당시 제작 중이던 북한의 첫 예술 영화 「내 고향」의 주연을 맡았습니다. 전시에는 전선 위문단 제1대로 활동했고 해외 영화 축전 및 세계 평화 대회에 조선 영화 사절단으로 전시 외교를 펼쳤으며, 전후 사회주의 건설기에 다양한 연기 활동을 이어 나갔습니다. 한편 사회주의 문학예술계 전반이 재편되고 1960년대 말 이른바 '주체' 체계인 '당의 유일사상 체계'가 확립되면서 기존의 원로들은 다수 비판과 숙청의 과정을 거치게 되었습니다. 문예봉 역시 '세대교체' 과정에서 추방되고 1976년 정년을 맞이했습니다. 은퇴 후 기존의 활동에 대한 당 차원의 심사 과정을 통해 1979년 복권된 문예봉은 평양에서 연기 인생을 재개하고 스크린에서 다양한 역을 소화하는 한편 원로로서 당-국가의 영화 사업에 충실한 기록도 남겼습니다('자료편' 참고).

월북 이후 문예봉이 남긴 기록 가운데 7월 30일 남녀평등권법령 공포를 맞아 쓴 1960년 「당의 품 속에서」라는 수필에서는 과거와 다른, 해방 이후 여성의 생활에 대한 술회, 영화 관련 잡지에 자신이 맡은 역할에 대한 평가나 다짐을 다룬 대목이 담겨 있습니다. 적극적인 사랑과 혁명, 건설에 대한 태도를 재현한 데 대한 논의들은 조선의 대표 여배우로서 살아 온 그의 고민을 제한적이나마 보여 준다는 점에서 소중합니다.

내가 어릴 때 우리 집안은 할아버지, 할머니 밑에 아버지와 우리 5남매가 있었으나 가세가 몰락할 대로 몰락하여 식구들은 산산이 흩어져 살지 않으면 안 되었다. 나보다 한 살 위인 고모와 내 동생과 나, 이 세 처녀는 집안 생활의 유일한 기둥이었다. 그러나 과거 사회에서 처녀는 돈과 쉽게 바꿀 수 있는 〈물건〉이어서 고모와 동생은 하는 수 없이 비참한 길로 들어서지 않을 수 없었다. 나는 일본인이 경영하는 방직공장으로 들어갔다. 몇 푼 되지 않는 임금이나마 생을 위해서 왜놈 감독들에게 갖은 천대를 받았다. 그러다가 나는 배우의 길에 들어서게 되었다. …… 나의 시가도 살림이 몹시 구차하였다. 시어머니는 과거 낡은 사회의 여성들의 고통과 불행을 모조리 겪은 여성이었다. 그는 빈궁과 천대와 고난의 가시덤불을 헤치며 일제 폭정하의 그 암담한 세월을 살아왔다. …… 지금이야말로 그 인자하고 고생 많이 한 어머니를 마음껏 편안히 모실 수 있는 모든 조건이 지어졌다. 그러나 나의 어머니는 이 세상에 안 계시다. (「[수필] 당의 품 속에서」, 『조선영화』 1960.7., 『문예봉전』, 169~170쪽)

『문예봉전』은 식민지 조선 여성을 대표하던 얼굴에서 해방 이후 집회에서 환호와 함께 백색 테러의 위협을 받는 연사, 월북 이후 북한 영화계를 대표하는 배우이자 원로로 연기 인생을 지속한 문예봉의 다양한 얼굴과 목소리를 전해 줍니다. 조선 영화, 북한 영화, 한국 영화, 그 어떤 이름으로 부르고 존재했든, 영화인 문예봉을 오늘날 기억하는 일은 그 자체로 우리가 몰랐던 분단된 현대사와 문화의 다른 한편을 복원하고 억압되고 말할 수 없었던 역사와 화해하며 배제되고 잊힌 이름들과 공존하는 법을 알려줄 것입니다.

처음으로 가져보던 지난해의 메이데이기념대회에서 뼈에 사무친 감격은 아마 평생을 두고 흐릴 것 같지 않다. 깃발을 앞세우고 깍지 끼고 노래 부르며 외치며 불어오던 영등포의, 철도의, 경전의 빛나는 얼굴들 그저 황홀할 뿐이었다. 그리고 수많은 사람들을 상대로 연설하는 열댓 살밖에 안 되는 소녀공의 목멘 소리에 나는 끝끝내 눈물을 가리지 못해서 군중 속에 주저앉아 버리고 말았다. …… 어서 남산으로 쫓아가야겠다. 또 다른 열댓 살 되는 소녀공의 힘찬 연설을 이번엔 끝까지 눈물을 참고 똑바로 정면에서 들어야겠다.

북토크 열어보기

『문예봉전』을 비롯한 월북 영화인 시리즈의 저자 한상언 선생님과 함께한 동네책방×북토크 일곱 번째 만남은 2019년 3월 28일 오후 영추문 앞 역사책방에서 열렸습니다. 1999년 3월 26일 세상을 떠난 영화인 문예봉의 20주기를 다루는 북토크는, 해금되었으나 한국의 독자와 관객들에게 아직 낯선 월북 영화인들의 생애와 작품을 이해하는 소중한 자리가 되었습니다.

한상언 선생님은 『문예봉전』과 관련해 일제강점기 스타에 대한 기억의 편린을 가지고 있거나 혹은 전혀 알지 못하는 청중들을 위해 식민지 시기 조선 영화에

역사책방 북토크 정경

대한 역사적 스케치와 당시 문예봉의 삶을 사진과 영
상 클립으로 보여 주었습니다. 발표는 문예봉의 가정
사와 어린 시절부터 월북 후 활동과 복권에 이르는 시
기를 다뤘습니다. 연극에 가산을 탕진한 아버지 문수
일을 설명하는 대목에서는 조선 연극계의 현실을, 문
예봉의 영화 데뷔 장면에서는 당시 조선 영화계의 풍
경도 전해 주었습니다. 해방 공간의 문화계에 대해서
는 빠질 수 없는 당시 문학예술계와 조선공산당, 좌익

의 관계, 1945년 12월 모스크바 삼상 회의 결정에 따른 좌우 대립 속에 문예봉을 포함한 당시 배우들의 집회 참여 및 연설 선동, 미군정의 좌익계 탄압과 백색 테러가 심각해지면서 문예봉이 월북하던 당시 정황 등에 대한 생생한 설명들이 이어졌습니다.

한상언 선생님은 해방 공간의 정치적 상황에 대한 설명을 통해 역사적 문맥을 제공하면서 무엇보다 조선 영화사 전공자로서 당시 영화계의 현실, 영화인들의 관계, 영화 작품들에 대한 다양한 설명을 통해 청중들을 영화사의 장면들로 이끌었습니다. 예를 들어 생 필름의 부족으로 있는 필름은 모두 뉴스 제작 상영에 돌려지고, 극 영화를 찍을 수 있는 자재와 기술이 허락되지 않았던 현실은 해방 공간에서 왜 배우들의 활동이 없을 수밖에 없었고 문예봉을 포함한 그들이 왜 조선영화배우협단을 통해 당시 정치적 현실에 적극적으로 참여했는가를 잘 알려 주었습니다. 문예봉이 월북할 수밖에 없었던 정황은, 그 자신도 연사로 참석했던 집회가 백색 테러의 대상이 되고 이에 따른 소요의 책임으로 체포되기도 했던 미군정하 검열의 현실로 설명되었습니다.. 문예봉이 어린아이들을 데리고 영락없는 노파로 분장해 북측에서 데리러 온 이를 따라가다 중간에 준비된 루트가 여의치 않아 개성에서 송악산을 넘어 38선을 건넌 대목도 흥미진진합니다.

월북 후 작품 활동에 대해서는 해방 이전부터 조선 영화계의 별이었던 문예봉이 주연이 된 북한의 첫 예술 영화 「내 고향」(1949)에서부터 문예봉의 연기에 대한 최고지도자 김일성의 축하가 있었던 「빨찌산의 처녀」(1954)을 거쳐 1960년대 말 선전선동 부문을 장악한 김정일에 따른 일종의 '문화혁명', 세대교체로 중앙 무대에서의 퇴출과 복권 이후 작품까지 다뤘습니다. 봉건 잔재에 대한 자기 비판 후 1969년 중앙에서 떠나간 뒤 평양극장, 철도성예술극장, 중앙예술선전대, 수산성예술선전대 등을 옮겨 다니며 공연하다 1976년 정년을 맞은 문예봉은 평소 국가의 중심 사업을 왕성하게 보조 후원하는 모습에서 모범을 보여 좋은 평가를 받고 1979년 복귀했습니다. 평양의 영화계로 다시 불려온 후 발표한 작품이 「춘향전」이었다는 사실은 조선-북한 영화사적으로도 뜻깊은 인상을 주었습니다. 일제 강점기 조선에서 1935년 「춘향전」의 춘향을 맡았던 문예봉은 1980년 「춘향전」에서 이몽룡의 어머니 역을 연기했습니다. 1952년 최초의 공훈 배우로 이름을 올렸던 문예봉은 복귀 후 1982년에는 인민배우 칭호를 받았습니다.

한상언 선생님의 발표는 복권 후 여든이 넘은 문예

「빨찌산의 처녀」를 표지로 발행한 중국 영화 잡지 『대중전영』
1955년 15호
출처: 『한겨레』, 「시네마 북한 꽃피운 '김정일 프로덕션'」,
http://www.hani.co.kr/arti/PRINT/898142.html

봉이 「우리 새 세대」(1996), 「먼 훗날 나의 모습」(1997)
에서 보여 준, 김일성 사후 옛 세대의 경험과 교훈을 전
달하고 젊은 세대를 밀어 주는 열연을 펼친 데 대한 설
명으로 끝을 맺었습니다. 역사책방 벽면의 스크린 너
머로 바라다보이는 당시 팔순 문예봉의 연기는 '고난
의 행군' 시기 북한의 세대를 향한 위로와 격려를 전하

현존하는 가장 오래된 한국 영화인 『미몽』(1936)에 출연한 문예봉
출처: 『오마이뉴스』,「'월북'하자 김일성이 직접 만나러 왔다는 유
명 여배우」,
http://star.ohmynews.com/NWS_Web/OhmyStar/at_
pg.aspx?CNTN_CD=A0002539569&CMPT_CD=SEARCH

고 있었습니다. 한상언 선생님은 「우리 새 세대」에 문
예봉이 등장하는 중요한 세 번의 신을 말하면서, 김일
성 세대를 상징하는 문예봉이 김일성의 목소리를 '대
신해' 들려주는 이야기를 전했습니다. 문예봉은 퇴임
후 자식 집에 얹혀사는 부모, 농촌 체험을 통해 성장을
경험하는 주인공 '애순이'의 할머니로, 지겨울 법도 하
지만 늘 그 자리에서 우리를 위해 희생한 옛 세대로서
애순이에게 깨달음을 주는 역입니다. 세 번 나오는 모
든 장면에서 밥을 챙겨 주는 역할로 등장하는데, 쌀밥

을 먹여 주는 일은 기존 세대의 노력, 새로운 세대의 역할 등이 맞물리는 중요한 상징으로 볼 수 있습니다. 결국 주인공 애순이 농촌 생활을 통해 할머니가 말했던 것들을 그대로 실천하게 되는 모습에서 이 영화의 주제가 전달되었다는 해석입니다.

북토크 파고들기

Q. 지금 우리 영화계의 뿌리라 할 일제 강점기 조선 영화, 영화인들을 이해하는 데 중요한 특징이라면 무엇이 있을까요?

상대적으로 조선의 영화계는 연극, 소설, 시 등 다른 문학예술계와 비교해 친일 부역 문제에서 훨씬 자유롭지 못했다는 역사가 존재합니다. 해방 공간의 영화계에서 나타났던 여러 영화인 조직들을 보면, 특히 2차대전 당시 일제의 군국주의 영화에 동원된 식민지 조선영화의 제작·배급·상영에 복무한 이들이 그대로 해방된 조선의 영화인들로 이어졌음을 확인할 수 있습니다. 물론 다른 예술인들이 친일의 문제에서 자유로웠던 것은 아니지만 영화계를 떠나 함흥에 낙향한 이규설, 영화를 버리고 의정부 근처 들어간 윤봉춘, 카프 영화부의 대표적 인물로 오랜 복역 생활을 한 추민과 같은 소수의 예외를 제외하고는 극장 소유주, 관리인은 물론이고 연출, 촬영, 기술, 배우 등을 막론하고 영화인들이 일제의 독점적 제작·배급 관리 체계(조선영화사)에서 친일 부역에 동원되었습니다. 이는 부인할 수 없는 조선 영화계의 계보였습니다. 최초의 영화 조직들인 조선영화건설본부, 조선프롤레타리아영화동맹이 역사적 문제들을 직면하지 않고 넘어갔다가, 1945년 12월 좌우익을 아우르는 광범한 조직체인 조선영화동맹 형성 과정에서 문제 제기를 통해 비非조영(조선영화동맹)파와 기존의 관리급 아래 현장 조수 출신들로 중앙집행위원들을 꾸린 사례는 처음으로 이 문제를 조직적으로 해결했다는 의미에서 뜻깊습니다.

Q. 문예봉의 월북 이전 맥락에도 등장하지만, 해방공간에서 좌우대립은 왜, 무엇을 둘러싸고 그토록 격렬했나요?

조선영화동맹이 해방 공간에서 좌/우, 기성/소장을 막론한 영화인들의 광범한 조직체로 성립된 직후, 1946년 5월 '정판사 위조 지폐 사건*'을 계기로 미군정이 조

* 1945년 5월 15일 미 군정청은 수도경찰청장 장택상의 보고에 따른 '정판사 위폐 사건' 보도를 통해 조선공산당 본부가 있는 근택빌딩 지하실 인쇄소 조선정판사에서 위조지폐를 찍어냈고 이에 공산당 중앙집행위원(이관술, 권오직)이 관여했다고 주장했다.

선공산당을 탄압하면서 조선공산당은 7월 이른바 '신전술'을 채택했습니다. 그들은 테러에 테러로 맞서는 폭력 투쟁을 점화하고, 1946년 말 미군정이 공산당을 불법화하자 좌익 계열 공산당, 신민당, 인민당이 합당해 합법적 대중정당 남조선노동당(남로당)으로 전환했습니다. 그러나 이러한 대중화를 위한 노선은 1947년 7월 한반도의 향후 정세를 판가름한 미소 공동위원회가 결렬되고 남로당이 다시 폭력화되면서 다수의 지식인, 문화인들이 월북하는 과정으로 이어졌습니다. 그 자체로 대립과 폭력이 난무했던 해방 공간은 어떤 새 조선을, 어떤 범위에서, 어떤 방법으로 세울 것인가의 문제를 둘러싸고 국내 정치가 요동치는 정국이었습니다. 국내 정치는 미·소로 나뉜 군정 하 그리고 냉전의 국제 정치에서 자유롭지 않았습니다. 이 국내외 정치의 소용돌이에서 문화계 역시 자유로울 수 없었고 세계적 차원에서 냉전이 본격화된 1947년, 한반도에서는 두 개의 체제가 들어설 준비가 시작되었습니다. 1947년 9월 미국이 한국 문제의 유엔 이관 이후, 11월 유엔 총회에서 채택된 미국 결의안에 따라 유엔한국임

사건 직후 조선공산당 지도부에 대한 체포령이 뒤따르고 조공 불법화가 진행되었다.

시위원단이 구성되었습니다. 이후 1948년 2월 유엔 소총회에서 유엔 감시가 가능한 한국의 단독 선거 시행이라는 미국의 제안이 채택, 3월 하지 미군정청 사령관에 의한 한국 단독 선거 포고가 발표되었습니다. 1948년 한국의 5.10 단독 선거 이후 5.31 제헌 국회 구성, 7.17 제헌 헌법 공포, 7.20 국회에서 이승만의 대통령 당선 및 정부 구성을 거쳐 8월 15일 대한민국 정부 수립이 선포되었습니다. 반면 북한은 1947년 12월 헌법 초안을 마련해 1948년 4.29 북조선인민회의 특별회의에서 채택, 7.10 북조선인민회의 제5차 회의에서 헌법 실시와 조선최고인민회의 선거 시행을 결정, 선거 결과로 뽑힌 조선최고인민회의 제1차 회의를 9월 1~2일 개최, 9월 8일에 헌법 채택, 9월 9일 내각 구성을 완료하고 조선민주주의인민공화국 창립을 선포했습니다.

Q. 일제 강점기 여배우에서 북한 영화계의 원로까지, 배우 문예봉의 삶에서 그 자신은 얼마나 자율성을 가진 존재였을까요?

최근 책방들의 신간, 베스트셀러 목록을 보면 페미니즘을 둘러싼 다양한 논의들, 숨겨지고 억압된 여성들의 다양한 이야기를 쉽게 찾을 수 있습니다. 『문예봉전』에 나타난 배우 문예봉의 삶에서 지금의 시각으로 여성들을 대변하는 목소리를 단번에 찾을 수 있는 것은 아닙니다. 그러나 그의 삶 자체를 따라가는 일만으로 그가 살아 낸 시대, 그의 가족과 영화계, 그가 만나고 함께 했던 수많은 이들의 관계망 속에서 식민지 시기 대표적 여배우, 해방기 대중적 문화 인사, 북한 문화계를 대표한 배우, 4남매의 엄마, 5남매 중 하나로 가계를 책임졌던 딸, 중앙에서 밀려났다 복귀해 말년까지 영화에 출연한 원로와 같은 여러 얼굴을 한 여성의 삶을 알게 되는 의미가 있습니다. 그는 시어머니나 고모, 동생은 살 수 없었던 인생을 사는 데 대한 자의식으로 북한 체제에 합치된 언술과 활동을 보였지만, 실제 문예봉의 삶은 1980년대 후반 한국의 반공 드라마에서 소비되는 방식대로 획일화할 수 없을 것입니다. 문예봉에 대해서, 또 식민지 시기로 거슬러 올라가는 조선, 분단된 한반도나 주변 어디든 살았던 다른 여성들의 더 많은 이야기와 목소리를 찾아냄으로써, 오늘날 여성들의 삶에 영감이 될 많은 사람의 희망과 의지, 좌절과 투쟁이 담긴 역사에 다가갈 수 있을 것입니다.

더 알아보기

권영민 외, 『월북문인 연구』, 서울: 文學思想社, 1989.

삼천만의 배우

노동은, 『인물로 본 한국근현대음악사: 음악가 10인의 엇갈린 선택』, 서울: 민속원, 2017.

신수경·최리선, 『시대와 예술의 경계인, 정현웅: 어느 잊혀진 월북 미술가와의 해후』, 파주: 돌베개, 2012.

이명자, 『북한영화사』, 서울: 커뮤니케이션북스, 2007.

이명자, 『신문·잡지·광고로 보는 남북한의 영화 연극 방송: 1945-1953』, 서울: 민속원, 2014.

조영복, 『월북 예술가 오래 잊혀진 그들』, 서울: 돌베개, 2002.

한상언, 『강홍식傳: 북한 최초의 예술영화〈내 고향〉의 연출자』, 월북 영화인 시리즈 2, 서울: 한상언영화연구소, 2019.

한상언, 『김태진傳: 배우로 출발, 극작가로 살다』, 월북 영화인 시리즈 3, 서울: 한상언영화연구소, 2019.

한상언, 『평양책방: 250종의 북한 책과 만나다』, 서울: 한상언영화연구소, 2018.

한상언, 『해방 공간의 영화·영화인』, 서울: 이론과 실천, 2013.

홍지석, 『북으로 간 미술사가와 미술비평가들: 월북 미술인 연구』, 광명: 경진출판, 2018.

영화 「내 고향」, 평양: 조선예술영화촬영소, 1949.

영화 「빨찌산의 처녀」, 1954.

영화 「김동무는 하늘을 난다」, 평양: 조선4.25예술영화촬영소, 2012.

영화 「봄날의 눈석이」, 조선예술영화촬영소 왕재산창작단 편, 평양: 조선예술영화촬영소, 1985.

나의 아버지 구보 박태원

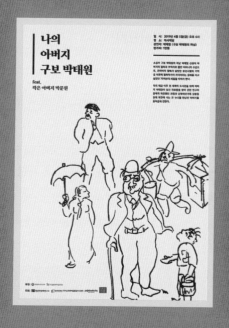

여덟 번째와 아홉 번째 북토크(역사책방×한상언영화연구소)는 한상언영화연구소와 공동 기획으로, 따로 선정한 책 없이 연사를 초청해 월북 예술인 두 분을 조명하는 자리로 진행했습니다. 여기서는 현장스케치를 통해, 소설가 구보 박태원과 작사가이자 극작가 박영호를 조명한 북토크의 장면들을 공유합니다.

일정	2019년 4월 5일 금요일
장소	역사책방
발표	박재영(구보 박태원의 차남)
읽고 정리	김태경

북토크 열어보기

구보 박태원은 『천변풍경』의 작가이자 식민지 시대 '모던보이'의 전형이었고, 한국전쟁 와중에 월북해 1986년 세상을 떠날 때까지 작품 활동을 지속한 근대 한국/북한 문학을 대표하는 작가입니다. 1909년 12월 7일 경성부 다옥정 7번지에서 출생한 박태원은 조부가 양약방을 하고 부친이 약종상, 숙부가 양의로 개업한 집안에서 자랐습니다. 딸까지 경성여자고등보통학교(지금의 경기여고)에서 공부를 시켜 신식 여성을 만든 집안이었으니 과연 박태원이라는 조선의 인텔리 중의 인텔리가 나올 법한 가문입니다.

구보 박태원의 둘째 아들인 박재영 선생님은 평생 아버지 박태원, 작가 박태원의 작은 기록까지 찾아 가족사, 넓게는 근대 한국/북한 문학사의 잃어버린 조각들을 연결해 왔습니다. 식민지 시기 옛 문헌부터 이산가족 상봉 행사를 통해 찾은 가족들의 기록, 사진, 그

왼쪽부터 김소운(소설가), 이승만(미술가), 박태원(소설가), 정인택
(소설가)

출처: 박재영 블로그, http://blog.daum.net/danielpak20

이후 주고받은 서신들에 이르기까지 선생님이 모은 자료와 이야기들은 분단된 한반도의 역사가 곧 개인사의 영역에서 어떤 굴곡을 그려 왔는지 생생하게 전달해 주었습니다.

그는 1950년 7월 초하루 낮 즈음 젊은이를 따라 집을 나서 다시 돌아오지 않은 아버지에 대한 기억과 후일 이산가족 상봉 행사로 평양 광복거리에서 다시 만난 큰누나(박태원의 오남매 중 큰딸 설영은 고모와 동행했다가 1951년 2월 아버지와 합류, 평양기계대학 영문학과 교수로 정년퇴직했다)에게서 들은 아버지의 종군 작가로의 삶과 월북 이후 작품 활동들과 관련된 기록들을 평생에 걸쳐 탐색했습니다. 박재영 선생님의 철저하고 지난한 탐색의 전 과정은 이산의 경험으로 끊어진 기록, 잊힌 기억을 다시 잇는다는 것이 무엇인가를 고민하게 합니다.

헤어진 오남매 중 네 아이를 그리며 박태원이 1959년에 쓴 글 중에 이런 구절도 있습니다. "일영아! 재영아! 소영아! 은영아! 어디에 있느냐, 그리운 아이들아! 이름이라도 불러 보자!" 자식들을 평생 맘에 품고 살았을 아버지 박태원의 유언은 훗날 큰누나 설영을 통해 이산가족 상봉에서 만난 가족들에 전해졌습니다. 그것은 바로 "조국 통일!"이었습니다.

월북/월남이라는 문제와 필수적으로 따라다니는 이산의 역사에 대해 돌아보면, 1971년 8월 '이산가족 찾기 운동'을 시작으로 한국과 북한의 적십자사 간 합의에 따라 1985년 9월 첫 이산가족 상봉이 있었습니다. 이후 2000년 최초의 남북 정상 회담과 6.15 공동 선언 합의에 따른 이산가족 상봉이 이어졌습니다. 2000년대 이산가족 상봉 행사에서는 월북한 지난날의 학술, 문화계 지식인들에 관한 관심도 폭발적이었습니다. 구보 박태원은 대표적 월북 예술인으로 박태원의 가족들도 관심을 받았습니다. 2019년 한국 영화 100주년과 맞물

발표를 맡은 박재영 선생님

린 봉준호 감독의 해외 영화제 수상들에 대한 언론 보도 중에 봉준호 감독의 외조부인 월북 소설가 박태원의 작품 활동과 생애가 언급되기도 했죠.

박태원은 1986년 7월 20일 저녁 평양시 중구역 대동문동에서 사망한 것으로 알려져 있습니다. 1986년 12월 북에서 재혼한 권영희 여사가 눈이 보이지 않는 구보의 구술을 옮긴『갑오농민전쟁』제3부가 마지막 작품이 되었으며, 월북 후 구보의 대표작으로는『삼국연의』,『임진조국전쟁』,『계명산천을 밝아오느냐』등이 있습니다.

극작가 박영호의 해방 전후

일정	2019년 4월 12일
장소	역사책방
발표	전지니(한국항공대)
읽고 정리	김태경

북토크 열어보기

월북 극작가 박영호는 1911년 강원도 출생으로 우리에게는 「오빠는 풍각쟁이」의 노랫말로 잘 알려진 극작가, 작사가입니다. 박영호는 원산에서 프롤레타리아 연극을 하다 경성에 와서 대중 극단 활동도 했고, 일제 말기에는 친일극적 성격이 강한 국민 연극에도 참여했다가 해방 이후에는 좌익으로 활동하다 월북한 극작가입니다. 박영호는 종군 작가로 한국전쟁 중 사망했는데, 그 시점이 정확히 알려지지 않았습니다. 마지막 유작이 1952년이고 사망 연도는 1952년~1953년으로 추정하고 있습니다.

1940년대 조선 연극계를 전공하고 조선, 한국, 북한의 영화와 연극에 관련된 다양한 연구를 진행하고 있는 한국항공대 전지니 선생님은, 월북해서 짧은 기간 왕성한 작품 활동을 하다가 한국전쟁에 희생된 박영호의 작품을 접할 수 있는 흔치 않은 기회를 제공했습니

박영호가 작사한 히트곡 「오빠는 풍각쟁이」, 1938년

다. 특히 해방 이전의 활동으로 거슬러 올라가는 박영호의 인생 궤적에서 월북 후 활동을 함께 조명해 한 작가의 삶과 작품 세계를 이해하는 뜻깊은 시간이 마련되었습니다.

월북 작가로 한국에서는 오랜 기간 작품 열람도 금지되었고, 대본들이 발굴된 시기가 2000년대 초반인 상황이라 대중에게 친숙하지는 않은 작가 박영호에 대해서, 전지니 선생님은 친일과 월북, 박영호 극의 사회주의 리얼리즘 및 대중극적 성격, 박영호의 리얼리즘

박영호가 작사한 히트곡 「연락선은 떠난다」(1937)

이 가진 특징, 그의 부인 소설가 이선희와 그의 작품 세계 등을 설명했습니다.

　박영호는 원산에서 학창 시절을 보낸, 원산 지역색을 뚜렷하게 가진 작가라고 합니다. 1920년대 일제 중공업이 몰려 있던 원산에서 조선 노동자들이 결집한 1929년 원산 총파업의 영향도 받았다고 하고, 1920년대 후반 카프 연극과 관련하여 프롤레타리아 연극을 썼다고도 하고요. 그는 1930년대 초반 경성에 올라와 대중극을 썼고, 1937년 중간극으로 극단 '중앙극 무대'를 창단했습니다. 1930년대 중반부터 태평레코드 문예부장으로 활동하며 식민지 시기 인기곡들을 발표했고, 1942년부터는 식민 통치를 정당화하는 국민극을 만들었습니다. 해방 후 박영호는 사회주의 계열의 조선문화건설중앙협의회에 참가했고 1946년에 아내 이선희와 함께 월북합니다. 월북한 박영호의 희곡은 당시 북한 문예계의 흐름인 "고상한 리얼리즘"에서 벗어난 자연주의 경향으로 비판을 받았다고 합니다. 그는 한국전쟁 중에는 종군작가로 활동했고 전쟁 중 사망했습니다.

전지니 선생님은 다작을 남긴 박영호의 작품을 시기별로 소개했습니다. 박영호의 희곡과 관련해 사회주의 리얼리즘 극의 성격 그리고 대중극의 성격 두 가지에 초점을 맞춰 이야기했습니다. 가장 특징적인 것은 박영호의 연극에서 하층민의 삶이 리얼리티를 갖고 재현되었다는 점, 특정 인물에 초점을 맞추기보다 여러 인물에게 시선을 분산시키는 작품(다주인공 형식, 집단 군상)을 창작했다는 겁니다. 여성 인물이 두드러진 점도 독보적입니다. 전지니 선생님은 박영호의 삶과 작품들에 대한 북토크를 끝맺으면서 박영호가 추구한 자신만의 리얼리즘의 특징을 짚었습니다. 신극과 대중극의 중간 지점, 사회주의 리얼리즘의 흐름에서 작업하면서도 전형화에서 복합성, 중층성을 드러내는 '중간자적 특징' 등에서 박영호는 사실상 친일 국민극, 사회주의 연극, 어디서든 비판에서 자유롭지 못했고, 자신만의 리얼리즘을 지속해 추구했던 것이 아닌가 하는

발표를 맡은 전지니 한국항공대 교수

극작가 박영호의 해방 전후

평가입니다.

하층민 현실에 대한 그의 지속적인 관심과 감각, 여성 인물에 대한 실험적 묘사 등은 박영호라는 월북 예술인의 작품과 생애를 다시금 곱씹으면서 우리가 지나온 분단의 역사와 지금껏 이어져 온 '불온'한 예술에 대한 억압, 배제, 침묵, 망각의 구조를 진지하게 돌이키게 합니다. 이러한 냉전문화의 구조의 균열, 점진적이지만 확실한 변화가 없이는, 우리가 이미 잊혀진(잊힌) 작가, 작품을 접하는 데 장벽이 있는 것은 물론이고 배제와 침묵을 만들어 낸 한반도 기존 정전 체제의 평화로의 전환은 어려울 것입니다. 침묵과 배제에 이어 몰이해와 망각이 지속되지 않도록 그동안 들리지 않던 다양한 목소리를 되살리고 역사를 다시 쓰는 작업은 기존의 질서와는 다른 화해와 평화, 협력과 통합의 상상들을 가능하게 할 것입니다.

더 알아보기

김귀옥, 『이산가족, 반공전사도 빨갱이도 아닌: 이산가족 문제를 보는 새로운 시각』, 서울: 역사비평사, 2004.

맹문재, 『이산가족: 육명심』, 파주: 열화당, 2018.

박태원, 『소설가 구보씨의 일일』, 천정환 편, 서울: 문학과 지성사, 2005.

박태원,『천변풍경』, 장수익 편, 서울: 문학과 지성사, 2005.

박태원,『임진조국전쟁』, 서울: 깊은샘, 2006.

박태원,『갑오농민전쟁』1~8. 서울: 깊은샘, 1993.

박태원,『약산과 의열단: 김원봉의 항일 투쟁 암살 보고서』, 서울: 깊은샘, 2015.

손유경,『슬픈 사회주의자』, 서울: 소명출판, 2016.

윤해동 외,『근대를 다시 읽는다』1~2. 서울: 역사비평사, 2006.

박재영 블로그, http://blog.daum.net/danielpak20

한국문화정보원 공식 유튜브 '문화포털',〈우리문화 북한문화, 5편:
사라진 월북작가(소설가 박태원)〉https://www.youtube.com/
watch?v=xoLJOYy1zFQ

마음이라는 키워드
평화의 시대를 준비한다

초판 1쇄 발행 2020년 6월 30일

엮은이 북한대학원대학교 남북한마음통합연구센터
펴낸이 김애란
펴낸곳 힐데와소피
브랜드 에코톤
편집 및 표지 디자인 리시올

출판등록 2019년 6월 12일 제2019-000059호
주소 서울시 은평구 통일로 684, 서울혁신파크 청년청 302호
이메일 hildeandsophie@gmail.com
홈페이지 hildeandsophie.modoo.at

ISBN 979-11-969839-1-8(03340)

책값은 뒤표지에 있습니다.
에코톤은 힐데와소피의 학술서적 브랜드입니다

이 도서의 국립중앙도서관 출판예정도서목록(CIP)은 서지정보유통지
원시스템 홈페이지(http://seoji.nl.go.kr)와 국가자료종합목록 구축시
스템(http://kolis-net.nl.go.kr)에서 이용하실 수 있습니다. (CIP제어번
호:CIP2020009268)